高等学校规划教材

羽毛球运动

主编 牛清梅 杨 茜
　　　欧阳南军

西北工业大学出版社

西 安

【内容简介】 本书在紧密结合羽毛球运动项目发展特点和趋势的基础上,借鉴了羽毛球运动最新相关研究成果,并结合全运会羽毛球冠军多年的训练和比赛经验编写而成。

全书内容分为 8 章,包括绪论、羽毛球运动基本知识、羽毛球基本技术、羽毛球基本战术、羽毛球运动技能教学理论与实践、羽毛球专项身体素质练习方法与手段、羽毛球运动常见损伤和预防、羽毛球竞赛规则与裁判法(2020 版)解读等。

本书既可作为普通高等学校羽毛球课程教材,也可供羽毛球初级教练员及羽毛球爱好者学习参考。

图书在版编目(CIP)数据

羽毛球运动/牛清梅,杨茜,欧阳南军主编. —西安:西北工业大学出版社,2020.12
 ISBN 978-7-5612-7547-4

Ⅰ.①羽… Ⅱ.①牛… ②杨… ③欧… Ⅲ.①羽毛球运动-教材 Ⅳ.①G847

中国版本图书馆 CIP 数据核字(2021)第 012732 号

YUMAOQIU YUNDONG
羽 毛 球 运 动

责任编辑:蒋民昌	**策划编辑**:蒋民昌
责任校对:万灵芝 陈松涛	**装帧设计**:董晓伟

出版发行:西北工业大学出版社
通信地址:西安市友谊西路 127 号 邮编:710072
电　　话:(029)88491757,88493844
网　　址:www.nwpup.com
印 刷 者:兴平市博闻印务有限公司
开　　本:710 mm×1 000 mm　1/16
印　　张:12.625
字　　数:247 千字
版　　次:2020 年 12 月第 1 版　2020 年 12 月第 1 次印刷
定　　价:48.00 元

如有印装问题请与出版社联系调换

前　言

羽毛球运动是我国优势竞技运动项目和群众喜闻乐见的群众性运动项目，在我国发展有着较好的群众基础和居于世界前列的竞技水平。由于羽毛球运动基本不受场地、器材、身体素质的限制，且很容易上手，所以成为深受大众喜爱的运动项目之一。

随着羽毛球运动竞技化和群众化的协调发展，羽毛球运动本身也在不断改革和创新，基本技战术、竞赛规则都随之发生了变化。为了迎合这些变化和满足大众对羽毛球知识体系更新的需求，在总结《新编羽毛球理论与实训》（牛清梅，西北工业大学出版社，2012年）编写经验的基础上，借鉴国内外羽毛球运动的最新研究成果，结合全运会冠军多年训练、比赛经验编写而成。

本教材除把"教""学"作为两条主线进行编写外，羽毛球基本技战术的多种练习方法、常见错误及纠错方法也占了较大篇幅，针对不同水平阶段的羽毛球练习者提供了多种相应的练习方法和手段，并包含了多种笔者的练习方法和手段。为了便于快速理解和应用羽毛球竞赛规则，依据《羽毛球竞赛规则（2020）》对部分规则条款进行了解读。此外，还对羽毛球比赛的组织和管理进行了介绍。

本教材的内容逻辑结构在依据运动技能形成规律的基础上，强调了实用性和可读性，遵循了理论与实践、基础与应用相结合的原则。教材技术插图示范动作主要由欧阳南军（现为西北工业大学体育教师，曾获第十三届全运会群众组羽毛球单打冠军和多项全国大学生羽毛球比赛冠军）、杨茜（现为西北工业大学体育教师，曾获多项全国大学生羽毛球比赛冠军）完成，他们作为教材主编，结合自己多年训练、比赛经验，对技战术练习方法和专项技能提高方法进行了创新和丰富。

本教材由牛清梅编写第一、二、七、八章，杨茜编写第三、四章，欧阳南军编写第五、六章，全书由牛清梅统稿。

在本教材编写过程中，参阅了众多相关文献的内容，在此，对其作者表示衷心的感谢！

由于水平、经验有限，缺憾在所难免，书中不妥或疏漏之处，敬请读者批评指正。

编　者
2020年7月

目 录

第一章 绪论 …………………………………………………………… 1
    第一节 羽毛球运动概述 …………………………………………… 1
    第二节 羽毛球运动重要赛事的改革与发展 ……………………… 7

第二章 羽毛球运动基本知识 ………………………………………… 16
    第一节 羽毛球场地与器材 ………………………………………… 16
    第二节 羽毛球运动常用专业术语释义 …………………………… 25

第三章 羽毛球基本技术 ……………………………………………… 30
    第一节 羽毛球技术结构及特点 …………………………………… 30
    第二节 握拍技术 …………………………………………………… 32
    第三节 发球技术 …………………………………………………… 34
    第四节 接发球技术 ………………………………………………… 40
    第五节 击球技术 …………………………………………………… 43
    第六节 步法技术 …………………………………………………… 66

第四章 羽毛球基本战术 ……………………………………………… 79
    第一节 羽毛球运动战术概论 ……………………………………… 79
    第二节 单打战术 …………………………………………………… 83
    第三节 双打战术 …………………………………………………… 92

第五章 羽毛球运动技能教学理论与实践 …………………………… 103
    第一节 羽毛球运动技能教学概要 ………………………………… 103
    第二节 一般教学方法 ……………………………………………… 108
    第三节 常用技术教学训练方法与手段 …………………………… 114

第六章 羽毛球专项身体素质练习方法与手段 ……………………… 132
    第一节 速度训练 …………………………………………………… 132
    第二节 力量训练 …………………………………………………… 134
    第三节 耐力训练 …………………………………………………… 136

第四节　柔韧训练································· 138
　　第五节　核心力量训练····························· 139
第七章　羽毛球运动常见损伤和预防····················· 144
　　第一节　常见的运动损伤··························· 144
　　第二节　羽毛球专项运动中运动损伤的预防与处理······ 147
第八章　羽毛球竞赛规则与裁判法（2020 版）解读······· 159
　　第一节　规则与裁判法中值得关注的几点变化·········· 159
　　第二节　羽毛球赛场比赛规则······················· 161
　　第三节　临场裁判人员职责要求及比赛流程············ 167
　　第四节　羽毛球比赛的组织························· 181
附录　羽毛球比赛常用表···························· 186
参考文献··· 192

第一章　绪　　论

第一节　羽毛球运动概述

一、羽毛球运动的起源与普及

(一)不确定起源

(1)2000多年前,在中国、印度等国出现一种类似羽毛球运动的游戏,在中国叫"打手毽",在印度叫"蒲那",西欧一些国家称之为"毽子板球"。这只是在游戏形式上类似羽毛球的游戏,或许是羽毛球运动的最初雏形。

(2)据传说,14世纪末期,在日本也流传一种游戏,有人在樱桃上插美丽的羽毛当做球,两人用木板来回对打,这也可能就是羽毛球的原型。

(3)18世纪时,在印度的蒲那城,人们把绒线编制成球形,然后插上羽毛,两人手持木板在球网两侧进行空中的来回对打,这在球的结构和运动形式上,就更接近现代的羽毛球运动,但这种游戏在印度并没有得到普及,很快就消失了。

(4)19世纪70年代,出现在印度蒲那城的隔网来回对抗的游戏被英国军人带回了英国,并作为消遣项目在英国得到一定发展。这为现代羽毛球运动起源于英国好像找到了一些佐证。

(5)被普遍认可的说法是,现代羽毛球运动诞生在英国。1873年,在英国格拉斯哥郡的伯明顿镇,有一位叫鲍弗特的伯爵在自己的庄园开游园会,一种隔网用拍子来回对打的游戏被几个从印度回来的退役军人介绍给了大家,结果这种游戏在游园会上很受欢迎,客人们对这种游戏产生了很大的兴趣。由于游戏本身不仅具有很强的趣味性,而且还有较强的竞争性,具备了一个游戏得以生存和普及的基础。最为重要的是,这项游戏在英国的上层社会、尤其是社交场上得到青睐,为这项游戏的传播提供了很好的社会基础。

隔网对抗的游戏在英国逐渐风靡后,为了纪念伯明顿镇给这种游戏带来的贡献,游戏名称就以英国最先出现的伯明顿镇作为游戏的名称,"伯明顿"

(Badminton)即成为英文羽毛球的名字。

(二)走向规范

随着羽毛球运动在英国的不断普及,有组织的羽毛球活动也逐渐成为了大家娱乐健身的需要。1877年,英国的巴斯羽毛球俱乐部成立。随后,第一部羽毛球比赛规则也在英国出版。竞赛规则是人们在体育竞赛活动中形成的决定体育参与主体行为的一种规范性文化现象,它包含着顺应社会文明化进程要求的价值标准。羽毛球竞赛规则的出现,大大促进了羽毛球运动的快速发展,也促使羽毛球运动的规范性发展。竞赛规则本身的出现也为羽毛球的推广起到了积极作用。

随着羽毛球竞赛规则的不断修订和羽毛球运动在英国不断的普及,有组织、有管理、有制度的发展羽毛球运动已成为必需。1893年,由英国14个羽毛球俱乐部牵头协商组成了世界上第一个羽毛球协会。1899年,英国羽毛球协会举办了第1届"全英羽毛球锦标赛",并且该协会规定,以后每年举办一次,这个规定一直延续到今天。英国羽毛球协会组织的全英羽毛球锦标赛(The All England Open Badminton Championships)是世界上水平很高,也是最早和最有荣誉的羽毛球公开赛。最初的几次比赛命名为英格兰锦标赛(The Open English Championships),在国际羽联1977年举办世界锦标赛之前,其一直被公认为是非官方的世界羽毛球锦标赛。比赛虽被世界普遍认可,且水平很高,但也因为战争停止过两次,1915—1919年,因第1次世界大战被迫停止举办,1940—1946年,因第2次世界大战停止举办。

(三)国际化发展

20世纪初,随着信息革命和殖民主义的扩张,羽毛球运动也被推向更为广阔的天地,羽毛球运动从斯堪的纳维亚到英联邦各国,流传到亚洲,美洲,大洋洲,最后传到非洲。

1934年,为了进一步规范羽毛球运动的发展和加快羽毛球运动的推广,由苏格兰、威尔士、新西兰、荷兰、法国、爱尔兰、英格兰、丹麦、加拿大等国家发起成立了国际羽毛球联合会,并将总部设在伦敦。1939年国际羽毛球联合会通过了各会员国共同遵守的《羽毛球竞赛规则》,国际羽毛球联合会也迅速在世界被公认为国际性组织。在此之后,国际羽毛球联合会拥有了更多的成员。

为了加强各国羽毛球协会之间的联系,国际羽毛球联合会通过奥运会、世界锦标赛、世界杯和其他国际比赛,促进各成员国之间的联系和交流,羽毛球运动的普及和羽毛球运动在世界上的发展也是国际羽毛球联合会的重要任务之一。

因需要规范羽毛球运动在世界上的发展和统一管理,1981年5月,国际羽毛球联合会与世界羽毛球联合会(World Badminton Federation,1978年成立)合并成为国际羽毛球联合会。2006年9月24日,国际羽毛球联合会再一次更名,正式命名为现如今的羽毛球世界联合会,新的羽毛球世界联合会总部坐落于马来西亚吉隆坡。截止2019年年底,羽毛球世界联合会共有协会会员193个,其中包括7个准会员。

20世纪20—40年代,羽毛球运动在欧美国家也得到了迅速发展,尤其是英国、美国、加拿大。20世纪50年代,亚洲羽毛球运动发展的也非常快,西亚国家马来西亚取得两届汤姆斯杯冠军,印度尼西亚队在技术和打法上也有一些创新,并取得了霸主地位。20世纪60年代以后,羽毛球运动发展重心移向了亚洲。

羽毛球运动在世界的迅速普及和技战术水平的提高,很快得到了国际奥林匹克委员会的认可,1988年汉城奥运会(第二十四届)上,羽毛球被列为表演项目,1992年巴塞罗那奥运会(第二十五届)列为正式比赛项目,1996年亚特兰大奥运会(第二十六届)混双列为比赛项目。从此羽毛球运动进入新的发展时期。

二、发展趋势

(一)技术战术发展

随着经济的发展,科学技术水平的提高,羽毛球运动的训练也得到了更多的经济支持和科技支持。羽毛球运动的科技化训练得到了更多国家的重视,很多国家在羽毛球运动项目上的投入越来越大。羽毛球运动员场上的竞争也包含着教练员执教水平,科研人员服务水平,以及各国投入水平的竞争。

羽毛球运动的科技化训练,尤其是电子器材的介入和羽毛球运动训练、比赛数据的大数据挖掘使羽毛球运动技术和战术逐渐发展成熟,在总体发展趋势上正在向"快速、全面和特点突出"的方向发展。

早在20世纪60年代以后,中国羽毛球运动队就引领了世界羽毛球技术战术的发展,中国羽毛球队的"快、狠、准、活"的指导思想和"快攻"打法,尤其是中国多变的"快"技术战术,目前已得到世界的普遍认可和接受,并在快的基础上有所发展。

羽毛球运动"快"的含义,主要包含以下内容,一是指移动快,启动、移动、回动快;二是指动作速度快,挥臂出手快,击球速度快;三是指判断快,在对手移动准备击球时,已经可以判断出对手的击球路线。而且这三者之间是相互联系相互牵动的,只有快速地作出判断,才能快速的启动和移动,进而为击球提供更多的准备空间和时间,最后达到球速快的目的。球速快才能真正起到威胁对方的作用。

另外运动员还要临场适应快,主要表现在运动员运用战术的变化要快。运动员执行战术不仅仅要坚决,而且要实时观察对手情况,根据对手在比赛中的发挥情况、场地环境情况等,迅速做出战术调整。尤其是自己在处于被动局面的时候,更需要迅速的、坚决的做出战术调整,使自己变被动为主动。

现在羽毛球运动的发展,运动员仅仅靠特长很难在比赛中取得优异的成绩,必须全面的、熟练的掌握各种技战术,这也是运动员在比赛中战术变化的能力基础。全面的能力,不仅仅指的是技战术,还包括运动员的体能、控制球的能力,还需要具备良好的意志品质,心理素质等。全面的技战术能力和素质能力以及良好的心理品质,可以使运动员在比赛场上没有明显的漏洞,使对手在制定技战术时难找到有效的战术。

运动员应具备全面的技术战术能力和身体素质能力以及心理品质能力,这是运动员的基础能力,运动员还需要具备一定的特长,这是运动员在比赛中改变落后局面,或者是保持优势的一个能力。运动员的突出特长,不仅仅是指运动员的技术战术打法的特长,运动员的特长往往需要根据运动员的身材特点、身体素质特点、性格特点等进行综合测评后进行培养。

羽毛球运动技术战术发展的"快"和"全面"是羽毛球运动发展趋势的两个重要的方面,但是必须清楚认识到两个方面的逻辑关系,"快"虽然是核心,有时候可能是制胜的法宝,但"快"绝对不是一球到底。快和慢结合才能体现出快的价值。羽毛球速度有绝对和相对之分。绝对速度是"快"的基本表达形式,是基础体能和技能的体现;而相对速度是"快"的高级表达形式,是变速能力,是对速度的控制,是对基础体能和技能的合理应用能力的体现。

(二)规则演进

1893年,英国14家羽毛球俱乐部一致倡议并组成了世界上第1个正规的羽毛球协会,14家羽毛球俱乐部通过共同协商进一步修订了竞赛规则,并对羽毛球及场地进行了统一的规定,确定羽毛球为14~16根羽毛粘在软木托上,质量为4.6~5.5g,把羽毛球场地正式定为长方形。这些规则和场地、器材的统一与确定,为羽毛球运动项目的普及和发展提供了很好的技术支持。

20世纪90年代以来,运动技术和科学技术的发展进一步促进了羽毛球运动新规则的出现,尤其明显的是比赛有了市场化运作形式,羽毛球运动为了迎合电视转播需要和观众对快节奏比赛的需要,竞赛规则进行了较大篇幅的修改。

首先在计分办法上进行比较大的改革,1998年8月的新规则取消了13平和9平继续比赛的规定。规定双打和男子单打先得15分的一方为胜一局;女子单打先得11分的一方为胜一局;如果在比赛中比分出现男子单打14平或者女子单打 10 平时,男子单打可以选择继续比赛至 15 分或者 17 分(女子单打为 11 分或者 13 分)。相对以前的比赛计分办法,新的计分办法计算起来更为简单,观众在比赛中更容易理解和看清比赛的走势,这样的变化符合羽毛球运动的发展,使羽毛球运动在比赛中更具有观赏性和比赛结果的不确定性,迎合了观众希望在比赛中看到激烈对抗的局面。

其次,2006 年 4 月,羽毛球竞赛规则又出现了一次较大的变化,当年在日本举行的"汤尤杯"比赛中,首先采用了 21 分每球得分的新赛制。同年 5 月 6 日,在东京举行的国际羽联大会上,国际羽联全体会员投票表决通过,正式启用 21 分制每球得分的分制,这一规则的变化是羽毛球运动改革历史上具有里程碑式的改革,这一改革的最大变化是使羽毛球运动竞赛进程变得更为紧凑,使整场羽毛球比赛的时间大为缩短,为羽毛球运动比赛中电视转播的广告插入提供了更多的空间,这次改革是羽毛球运动史上的一次空前革命,对羽毛球运动发展产生了巨大影响。

羽毛球运动规则内容的变化集中表现在运动员、赛制、裁判员三方面。羽毛球竞赛规则的发展趋势表现为通过对发球限制的改革,使之朝向有利于接发技术攻防平衡的方向发展;更加注重规则的与时俱进和可操作性,不断改革编排方案,使之朝向有利于操作规范、合理的方向发展。不断提高裁判员执裁标准和自身素质、充分利用先进的科学技术,使之朝向有利于判罚相对公正准确的方向发展。通过计分制改革、规范场地区域划分和商业广告,使之朝向有利于控制比赛时间和提高比赛观赏性的商业化方向发展。通过修改编排方法、提高项目的文化、降低赛事门槛,使之朝向有利于项目普及和缩小地区差距的方向发展。

三、中国羽毛球运动的成就与改革

(一)中国羽毛球的起源与发展

羽毛球运动约于 1920 年传入中国,但由于中国当时所处的社会历史背景,该项运动仅仅局限于部分人群之中,未能在中国大范围开展。主要在上海、广州、厦门等一些沿海通商口岸的租界和教会中开展。当时在上海租界内举办了中国有史料记载的最早的羽毛球比赛,此后还举办了各类羽毛球比赛,但都是在租界中。

20 世纪 60 年代是中国羽毛球竞技水平赶超世界的时期,由于中国羽毛球协会未能与国际羽毛球联合会建立起正常的联系,中国没有机会参加国际大赛,但在这一时期中国羽毛球竞技水平并非止步不前,而是得到了大幅度提高甚至已居世界前列。

随着中国羽毛球技术水平的提高,20世纪70年代,国际羽坛已经是印度尼西亚和中国平分秋色。进入20世纪80年代以后,优势已经转向中国,这也标志着中国羽毛球运动已经达到了世界领先水平。1981年5月,国际羽毛球联合会大会投票表决,重新恢复了中国在国际羽联的合法席位,中国羽毛球协会正式成为国际羽毛球联合会的会员,中国取得了征战世界羽毛球赛场的合法地位。中国羽毛球技术战术在世界上得到了更多的展示和交流,从此揭开了国际羽坛历史上新的一页,这也是中国羽毛球选手闪耀世界的开始,在这一阶段中国羽毛球竞技水平不断提高,同时也在不断促进羽毛球竞赛管理和培养体制的改革,形成了国家羽毛球队、省市羽毛球队和业余体校三级羽毛球人才培养梯队,20世纪90年代,中国羽毛球运动在管理体制、人才选拔、训练方法等方面进行了调整与改革,从此之后中国羽毛球竞技水平在国际羽坛上一直处于领先状态。

(二)中国羽毛球赛事发展

中国国内全国性羽毛球比赛始于1953年,是篮球、排球、网球、羽毛球4项球类全国大赛之一。1956年举办了第1次全国性羽毛球单项比赛。1959年第一届全国运动会是羽毛球运动竞赛第1次在综合性运动会中出现,至此开启了全国羽毛球赛事的结构性发展。

中国羽毛球俱乐部联赛是中国羽毛球比赛走向市场的第一步,1999年又推出了全国羽毛球俱乐部联赛,从最初的3个球队(青岛双星、广东兰星、福建凯胜)到2000年11个球队(7个男团,4个女团),2001年15个球队(8个男团,7个女团),2002年已有23个(男团12个,女团11个)职业和半职业羽毛球俱乐部,因与赞助商合作期满,2003年中国羽毛球协会宣布已经举办了四届的羽超联赛暂时停办,中国羽毛球俱乐部联赛第一次试水就这样落下了帷幕。

2010年,羽毛球俱乐部超级联赛再次起航,从赛制上规避了与国际比赛时间的冲突。实行了创新性的新赛制:如在2013—2014届联赛上引进令人耳目一新的"3对3"项目、分南北红蓝区比赛、实行11分赛制等,这些突破性的改革举措在此次联赛中取得了一定的反响和成绩。重新开赛的中国羽毛球俱乐部超级联赛竞赛水平也大幅提升,为俱乐部效力的队员不仅有国内顶级大牌球星,还有国际知名的顶级球星。

由于联赛发展较晚、赛制不规范、俱乐部比赛为其它赛事让步、缺乏有效的宣传手段、无赞助商等诸多原因,联赛被迫2020年再次停办。

经过多年的发展,中国羽毛球赛事逐渐形成了以奥运会为最终目标的周期性赛事结构。在全国层面上则表现为以全运会为总领,以全国青年锦标赛、全国少年分站赛、全国单项竞标赛、全国团体锦标赛为运动员培养和选拔平台的全国性羽毛球赛事结构。

第一章 绪 论

第二节 羽毛球运动重要赛事的改革与发展

一、汤姆斯杯(世界男子羽毛球团体锦标赛)

"汤姆斯杯"全称为"汤姆斯杯羽毛球赛"(Thomas Cup Badminton,中文简称"汤杯"),即世界男子羽毛球团体锦标赛,该比赛是世界上最高水平的男子羽毛球团体赛,于1948年由原国际羽联创办,每两年举办一次。

"汤姆斯杯"是由英国人乔治·汤姆斯(George Thomas)先生捐赠的。1934年国际羽联成立时,乔治·汤姆斯被选为主席。1939年,乔治·汤姆斯提出为比赛捐赠一座奖杯。

"汤姆斯杯"由杯盖、杯体和底座三部分组成,在杯的最上端有一个运动员的模型。"乔治·汤姆斯·巴尔特于1939年赠送国际羽毛球联合会组织的国际羽毛球冠军挑战杯"这句话被雕刻在杯的前部。整座杯高28cm,包含把手、杯的宽距为16cm。

由于二战的原因,国际羽联成立后并没有立即组织汤姆斯杯的比赛。直到二战结束后,1948年在英格兰举办了第1届汤姆斯杯比赛,第1个把国家名称刻在汤姆斯杯上的是马来西亚。

自从1948年以来一直到2018年,汤姆斯杯赛在世界各个地方已成功举办了30届,但其中前27届冠军奖杯只在亚洲的三个国家之间产生,分别是马来西亚、中国和印度尼西亚。而印度尼西亚是该项比赛中获得奖杯数最多的国家,中国获奖数排第二,一共获得10枚冠军奖杯。在第23届到27届的10年比赛中,中国成功实现了五连冠(见表1-1)。

表1-1 历届汤姆斯杯赛概况简表

届次	举办国家、城市	举办时间	冠军(国家)
1	英国、普雷斯顿	1949年	马来西亚
2	新加坡、新加坡市	1952年	马来西亚
3	新加坡、新加坡市	1955年	马来西亚
4	新加坡、新加坡市	1958年	印度尼西亚
5	印度尼西亚、雅加达	1961年	印度尼西亚
6	日本、东京	1964年	印度尼西亚
7	印度尼西亚、雅加达	1967年	马来西亚

续表

届次	举办国家、城市	举办时间	冠军(国家)
8	马来西亚、吉隆坡	1970年	印度尼西亚
9	印度尼西亚、雅加达	1973年	印度尼西亚
10	泰国、曼谷	1976年	印度尼西亚
11	印度尼西亚、雅加达	1979年	印度尼西亚
12	英国、伦敦	1982年	中国
13	马来西亚、吉隆坡	1984年	印度尼西亚
14	印度尼西亚、雅加达	1986年	中国
15	马来西亚、吉隆坡	1988年	中国
16	日本、东京	1990年	中国
17	马来西亚、吉隆坡	1992年	马来西亚
18	印度尼西亚、雅加达	1994年	印度尼西亚
19	中国、香港	1996年	印度尼西亚
20	中国、香港	1998年	印度尼西亚
21	马来西亚、吉隆坡	2000年	印度尼西亚
22	中国、广州	2002年	印度尼西亚
23	印度尼西亚、雅加达	2004年	中国
24	日本、东京	2006年	中国
25	印度尼西亚、雅加达	2008年	中国
26	马来西亚、吉隆坡	2010年	中国
27	中国、武汉	2012年	中国
28	印度、新德里	2014年	日本
29	中国、昆山	2016年	丹麦
30	泰国、曼谷	2018年	中国
31	丹麦、奥胡斯	2020年	
32	泰国、曼谷	2022年	
33	中国	2024年	

注:第31届因新冠肺炎疫情推迟。

二、尤伯杯(世界女子羽毛球团体锦标赛)

"尤伯杯"全称为"尤伯杯羽毛球赛",即世界女子羽毛球团体锦标赛,是世界上最高水平的女子羽毛球团体赛,在1956年国际羽联理事会上,英国羽毛球选手贝蒂·尤伯向国际羽联理事会捐赠了此杯。"尤伯杯"比赛,自1957年起到1984年为三年一届。1984年起,同汤姆斯杯一样改为每两年一届。1981年世界羽联和国际羽联合并为新的国际羽毛球联合会。所以,从1986年起,汤姆斯杯和尤伯杯比赛都规定为每两年举办一届,两项赛事每届同时、同地举办。

20世纪30年代,英国著名女子羽毛球选手贝蒂·尤伯(Betty Uber)为羽毛球运动的发展给予了很大的支持。1930—1949年之间,她曾在全英羽毛球锦标赛中多次夺得女子单打、女子双打和混合双打比赛的冠军。贝蒂·尤伯退役后,仍然对羽毛球运动情有独钟。1956年的国际羽联理事会上,她为了推动羽毛球运动的发展,正式向国际羽联捐赠由麦皮依和维伯制作的纪念杯,即如今的尤伯杯,并亲自主持了第一届尤伯杯比赛的抽签仪式。"尤伯杯"的外形像地球仪一样,在球的顶部有一羽毛球样的模型,上端有一名手握球拍的女运动员,"尤伯夫人于1956年赠送国际羽毛球联合会组织的国际女子羽毛球冠军挑战杯"这句话被雕刻在尤伯杯底座的周围,历届"尤伯杯"冠军见表1-2。

表1-2 历届"尤伯杯"赛概况简表

届次	举办国家、城市	举办时间	冠军(国家)
1	英国、兰开郡	1957年	美国
2	美国、费城	1960年	美国
3	美国、威尔明顿	1963年	美国
4	新西兰、惠灵顿	1966年	日本
5	日本、东京	1969年	日本
6	日本、东京	1972年	日本
7	印度尼西亚、雅加达	1975年	印度尼西亚
8	新西兰、奥克兰	1978年	日本
9	日本、东京	1981年	日本
10	马来西亚、吉隆坡	1984年	中国
11	印度尼西亚、雅加达	1986年	中国
12	马来西亚、吉隆坡	1988年	中国

续表

届次	举办国家、城市	举办时间	冠军（国家）
13	日本、东京	1990年	中国
14	马来西亚、吉隆坡	1992年	中国
15	印度尼西亚、雅加达	1994年	印度尼西亚
16	中国、香港	1996年	印度尼西亚
17	中国、香港	1998年	中国
18	马来西亚、吉隆坡	2000年	中国
19	中国、广州	2002年	中国
20	印度尼西亚、雅加达	2004年	中国
21	日本、东京	2006年	中国
22	印度尼西亚、雅加达	2008年	中国
23	马来西亚、吉隆坡	2010年	韩国
24	中国、武汉	2012年	中国
25	印度、新德里	2014年	中国
26	中国、昆山	2016年	中国
27	泰国、曼谷	2018年	日本
28	丹麦、奥胡斯	2020年	
29	泰国、曼谷	2022年	
30	中国	2024年	

注：第28届因疫情推迟。

三、苏迪曼杯

"苏迪曼杯"全称为"世界男女羽毛球混合团体锦标赛"苏迪曼杯是印度尼西亚羽毛球协会代表本国人民向国际羽毛球联合会捐赠的一座奖杯。1989年开始举办，两年一届，在奇数年举行。"苏迪曼杯"代表了世界羽毛球联合会会员国羽毛球整体水平，是世界上重要的世界大赛，和"汤姆斯杯""尤伯杯"齐名。"苏迪曼杯"由男子单打、女子单打、男子双打、女子双打和混合双打5个项目组成。比赛的赛制采取5场3胜制。第1次提出在世界范围内举行混合团体赛的建议是在1986年国际羽联召开的理事会上。次年,该届理事会确定了要举办世界男女羽毛球混合团体锦标赛,并以苏迪曼杯作为这一锦标赛的优胜者奖杯。

1988年,国际羽联接受并指定了混合团体赛与单向项锦标赛同时举行的事宜,并决定将苏迪曼杯作为混合团体赛的冠军奖杯。1989年第1届"苏迪曼杯"和第6届世界羽毛球单项锦标赛同时在印度尼西亚举行,并规定为每两年举行一届,单数年为苏迪曼杯赛,逢双数年是汤姆斯杯和尤伯杯赛。

"苏迪曼杯"是为了纪念前国际羽毛球联合会副主席迪克·苏迪曼而命名的,他是印度尼西亚羽毛球协会的创始人,他将毕生的精力都奉献给了羽毛球运动,一生钟爱羽毛球运动,在印度尼西亚羽毛球协会连续担任了22年的主席,并在1973年被选为国际羽毛球联合会理事,1975年出任国际羽毛球联合会副主席,直到1986年去世。

"苏迪曼杯"的外形是一个羽毛球造型,杯身是纯银铸成,外表镀有纯金,该奖杯重12kg,宽50cm,高80cm,闻名于世的古迹婆罗浮屠佛塔的造型被雕在底座上,整座奖杯看起来极富民族特色,象征着印度尼西亚人民对羽毛球运动的无限热爱,历届"苏迪曼杯"冠军见表1-3。

表1-3 历届苏迪曼杯赛概况简表

届次	举办国家、城市	举办时间	冠军(国家)
1	印尼、雅加达	1989年	印尼
2	丹麦、哥本哈根	1991年	韩国
3	英国、伯明翰	1993年	韩国
4	瑞士、洛桑	1995年	中国
5	英国、格拉斯哥	1997年	中国
6	丹麦、哥本哈根	1999年	中国
7	西班牙、塞维利亚	2001年	中国
8	荷兰、埃因霍温	2003年	韩国
9	中国、北京	2005年	中国
10	英国、格拉斯哥	2007年	中国
11	中国、广州	2009年	中国
12	中国、青岛	2011年	中国
13	马来西亚吉、隆坡	2013年	中国
14	中国、东莞	2015年	中国
15	澳大利亚、黄金海岸	2017年	韩国

续表

届次	举办国家、城市	举办时间	冠军(国家)
16	中国、南宁	2019年	中国

四、世界羽毛球锦标赛

世界羽毛球锦标赛是为了迎合世界羽毛球运动日益发展的需要,只设个人单项竞赛项目是由国际羽毛球联合会组织的单项锦标赛事,也称之为国际羽联世界锦标赛。世界羽毛球锦标赛是世界水平最高的羽毛球单项赛事,是国际羽毛球联合会在汤姆斯杯和尤伯杯比赛后的主办的又一大重要羽毛球赛事。

1977年开始举办第1届世界羽毛球锦标赛。1983年以前,每三年举办一次。该项赛事在1985年起改为两年举办一次。为了加大羽毛球运动的推广力度,国际羽联决定从2006年起,世界羽毛球锦标赛改为一年一次的赛事。还有一个目的是为了给予运动员们更多机会去赢得官方的"世界冠军"称号。如果遇到奥运会举办的年份,世界羽毛球锦标赛则停办一年,给奥运会羽毛球比赛让路,历届世界羽毛球锦标赛冠军,见表1-4。

表1-4 历届世界羽毛球锦标赛赛况简表

届次	举办国家、城市	举办时间	冠军(国家)
1	瑞典、马尔默	1977.5.2—5.8	丹麦(3金)
2	印度尼西亚、雅加达	1980.5.26—5.31	印度尼西亚(4金)
3	丹麦、哥本哈根	1983.5.2—5.8	中国(2金)
4	加拿大、卡尔加里	1985.6.10—6.15	中国(3金)
5	中国、北京	1987.5.18—5.24	中国(5金)
6	印度尼西亚、雅加达	1989.5.29—6.4	中国(4金)
7	丹麦、哥本哈根	1991.5.2—5.8	中国(3金)
8	英格兰、伯明翰	1993.5.31—6.6	印度尼西亚(3金)
9	瑞士、洛桑	1995.9.18—9.24	印度尼西亚(2金)
10	苏格兰、格拉斯哥	1997.5.24—6.1	中国(3金)
11	丹麦、哥本哈根	1999.5.10—5.23	韩国(2金)

续表

届次	举办国家、城市	举办时间	冠军(国家)
12	西班牙、塞维利亚	2001.6.3—6.10	中国(3金)
13	英格兰、伯明翰	2003.7.28—8.3	中国(3金)
14	美国、阿纳海姆	2005.8.15—8.21	中国(2金)
15	西班牙、马德里	2006.9.18—9.24	中国(4金)
16	马来西亚、吉隆坡	2007.8.13—8.19	中国(3金)
17	印度、海得拉巴	2009.8.10—8.16	中国(4金)
18	法国、巴黎	2010.8.23—8.29	中国(5金)
19	英格兰、伦敦	2011.8.8—8.14	中国(5金)
20	中国、广州	2013.8.5——8.11	中国(2金)
21	丹麦、哥本哈根	2014.8.25—8.31	中国(3金)
22	印度尼西亚、雅加达	2015.8.10—8.16	中国(3金)
23	苏格兰、格拉斯哥	2017.8.21—8.27	中国(2金)
24	中国、南京	2018.7.30—8.5	中国(2金)
25	瑞士、巴塞尔	2019.8.19—8.25	日本(2金)
26	西班牙、城市待定	2021.	
27	日本、东京	2022.	
28	丹麦、哥本哈根	2023.	
29	法国、巴黎	2025.	

五、奥运会

羽毛球相对田径、游泳等项目进入奥运会的时间比较晚。羽毛球运动先是作为表演项目进入1988年汉城奥运会。

1992年的第25届巴塞罗那奥运会,羽毛球被列为正式项目,共有4个项目产生4枚金牌。这届比赛中羽毛球比赛场数有限,进入半决赛后只决出冠亚军,没有季军的决赛。1992年奥运会中国羽毛球队收获了很好的成绩：女子双打银牌(关渭贞/农群华)；女子双打铜牌(林燕芬/姚芬)；男子双打铜牌(李永波/田秉义)；女子单打铜牌(唐九红和黄华并列铜牌)。

1996年亚特兰大奥运会羽毛球比赛，开始决出一、二、三、四名，并在本届奥运会上增设了混合双打比赛项目，使奥运会羽毛球项目金牌总数增至5块。

羽毛球进入奥运会比较晚的原因是1992年之前，羽毛球在世界范围内的推广比较差、不符合进入奥运会项目的要求。随着羽毛球运动的不断普及和提升的影响力才得以进入奥运会。运动项目入选奥运会比赛项目的要求是：只有在至少75个国家和4大洲的男子中以及在至少40个国家和3大的女子中广泛开展的运动项目，才可列入奥林匹克夏季运动会比赛项目；只有在至少25个国家和3大洲广泛开展的运动项目，才可列入奥林匹克冬季运动会比赛项目。

2001年7月罗格当选国际奥委会主席后，在其"合理地控制奥运会规模"理念下，羽毛球运动在奥运会上的发展也出现了一定危机。每当国际奥委会宣布将减少奥运会项目时，羽毛球便被国内外媒体认为是有可能出局的项目之一。

相当长一段时间内，羽毛球曾被认为是有可能离开奥运会赛场的项目。不过随着世界羽坛格局的变化，该项目在世界范围的影响越来越大。2020年世界羽联在夏季奥林匹克国际联合会31个成员中排名第3，也进一步提升了羽毛球在奥运会中的地位。

2020年7月在丹麦哥本哈根以网络形式召开的世界羽联年度大会上，世界羽联宣布了2020年夏季奥林匹克国际联合会(ASOIF)对各成员联合会的评选结果，世界羽联综合能力排名世界第3。这项评比从2019年11月持续到2020年1月，包含透明度、完整性、民主、发展和团结等各个维度，满分200分。

夏季奥林匹克国际联合会总共有31个成员联合会，世界羽联最终与国际马联、国际足联、国际网联、国际自联和世界橄榄球联合会以超过170分的优异分数，位于A1分组，远远高于国际篮联、国际乒联等机构。

羽毛球项目当时之所以被认为有可能离开奥运会，还与中国羽毛球队一家独大有关。2010年世锦赛、2011年世锦赛和2012年奥运会中国队连续包揽五金，让这个项目成了中国队的金牌宝库，相对来说，该项目在世界范围的竞争显得不够激烈。不过，随着世界羽坛格局大变，日本、泰国、印度、西班牙等非传统羽球强国都冒出了世锦赛冠军级别的选手，羽毛球项目在世界范围的影响越来越大(见表1-5)。

表1-5 历届奥运会羽毛球比赛地点及比赛成绩

届次	举办时间/年	举办国家城市	成绩
25	1992	西班牙巴塞罗那	男子单打:魏仁芳(印度尼西亚);女子单打:王莲香(印度尼西亚);男子双打:金文秀/朴柱奉(韩国);女子双打:郑素英/黄惠英(韩国)
26	1996	美国亚特兰大	男子单打:拉尔森(丹麦);女子单打:方铢贤(韩国);男子双打:苏巴吉亚/迈纳基(印度尼西亚);女子双打:葛菲/顾俊(中国);混合双打:金东文/吉永雅(韩国)
27	2000	澳大利亚悉尼	男子单打:吉新鹏(中国);女子单打:龚智超(中国;)男子双打:陈甲亮/吴俊明(印度尼西亚);女子双打:葛菲/顾俊(中国);混合双打:张军/高崚(中国)
28	2004	希腊雅典	男子单打:陶菲克(印度尼西亚);女子单打:张宁(中国);男子双打:金东文/河泰权(韩国);女子双打:杨维/张洁雯(中国);混合双打:张军/高崚(中国)
29	2008	中国北京	男子单打:林丹(中国);女子单打:张宁(中国);男子双打:基多/塞蒂亚万(印度尼西亚);女子双打:杜婧/于洋(中国);混合双打:李孝贞/李龙大(韩国)
30	2012	英国伦敦	男子单打:林丹(中国)女子单打:李雪芮(中国)男子双打:蔡赟/傅海峰(中国)女子双打:田卿/赵云蕾(中国)混合双打:张楠/赵云蕾(中国)
31	2016	巴西里约热内卢	男子单打:谌龙(中国);女子单打:马林(西班牙);男子双打:张楠/傅海峰(中国);女子双打:松友美佐纪/高桥礼华(日本);混合双打:阿玛德/纳西尔(印度尼西亚)
32	2021	日本东京	

第二章　羽毛球运动基本知识

第一节　羽毛球场地与器材

一、场地和场地设备

羽毛球场地是用白(黄或其他容易辨认的颜色)线(宽 40mm)画出的一个长 13.40m,双打宽 6.10m,单打宽 5.18m,双打球场对角线长 14.723m,单打球场对角线长 14.366m 的长方形。场上所有线都是它界定区域的组成部分,场地中间被球网平均分隔,从地面算起,网柱高 1.55m,网柱及其支撑物不得伸入场地内。不论单打还是双打,球柱都应该被放置在双打边线上。球网应由深色细绳编织,网孔为均匀分布的边长 15~20mm 的方形,球网上下宽 760mm,全长至少 6.10m,球网的上沿是用宽 75mm 的白带对折成的夹层,用绳索从中穿过,从地面起至球网中央顶部应高 1.524m,双打边线处网高 1.55m。球网两端与网柱之间不应有空隙,必要时,应把球网两端与网柱系紧(见图 2-1)。

(一)地面

(1)羽毛球场地木地板地面结构有板式龙骨、单层龙骨和双层龙骨,这些龙骨结构具有运动、保护、技术三大功能,能有效地防滑抗震,减少震动,隔音,避免运动员在地板上因弹跳所带来的震伤。

(2)羽毛球场地地面也可以选择水泥上面铺塑胶材料,此类地面成本低,但舒适程度和安全性会降低。

(3)目前国际比赛已采用化学合成材料作为移动的塑胶球场地面。在大众比赛中,也可以在水泥地或三合土的地面上进行竞赛。

不论是采用木板地面还是合成材料地面,都必须保证运动地板的弹性,滑涩程度适中。

(二)灯光

作为羽毛球场上必不可少的基础设施,羽毛球场灯光的选择极其重要。合适的羽毛球场灯光能够使运动员更好地判断球路,更精准地判断球的高度和落点的位置。同时也需要防止眩光、频闪,避免强烈的灯光直射或者反射到眼中,引起打球时的不适。

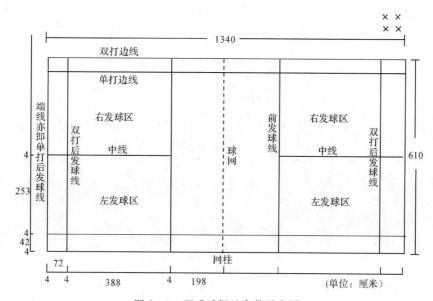

图 2-1 羽毛球场地参数示意图

羽毛球场地灯光一般的设计和布局方法有两种:①白炽灯泡,安装在网柱的上方,每一球场的两侧;②荧光灯,挂在与球场边线平行并且长度一样的地方。

为避免自然光线的干扰,场馆内应挂上窗帘,场地上的照度要求达到500~750勒克斯。

(三)羽毛球网柱球网

网柱:从场地地面起,网柱高1.55m。当球网被拉紧时,网柱应与地面保持垂直。网柱及其支撑物不得伸入场地内。

球网:

(1)球网应是深色、优质的细绳织成。方形网孔,各边长均在15~20mm之间,网上下宽760mm。

(2)网的顶端用75mm宽的白布对折而成,用绳索或钢丝从夹层穿过。白布边的上沿必须紧贴绳索或钢丝。

(3)绳索或钢丝须有足够的长度和强度,能牢固拉紧并与网柱顶部取平。

(4)球场中央网高1.524m,双打边线处网高1.55m。

(5)球网的两端必须与网柱系紧,它们之间不应有空隙。

(四)场地分区

在常见的羽毛球比赛中,一般分为单打和双打。所以羽毛球场地也分成单打和双打界限(见图2-2)。

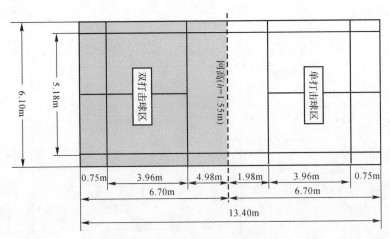

图 2-2 单双打击球区域示意图

场地的划分。在每半场中,中线将场地划分为左右2块,左半区和右半区。左右半区作用在于发球时的站位的规则,单数发球区和双数发球区。比赛中,发球的选手得分是单数时在左边半区发球,接发球人员对应的站在左边半区接球;得分是偶数(双数)时在右半区发球,接发球人员相应的在右半区接球,发球人员和接发球人员必须是对角区域的一个站位。比如0比0时,在右半区发球区发球。比赛发球时,只能发到其中的一半区域内,压线算界内,如果不在对应的半区内,视为发球违例,对方得分(见图2-3)。

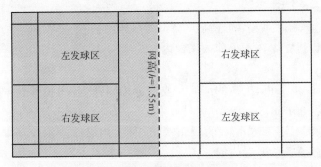

图 2-3 发球区域示意图

除了左右分区,场地还可以分为前场和后场,或者是前场、中场和后场,前场

离球网近,用来接对方的网前球(搓球、勾对角、放网、吊球);

中场是在场地中间的区域,通常会接到对方的杀球、或者是平抽快挡等;后场则是在双打后发球线左右及底线以内的区域,主要是对方的高远球、挑球、推球或者是长杀球等。除此之外,我们还可以将场地和球路结合起来,分成左中右三路。这也是我们常听到解说人员提到的进攻对方的中路、右路空挡、杀中路等等。这是将球场和球路相结合而产生的(见图2-4)。

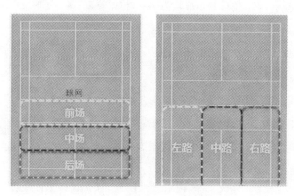

图2-4 场地方位示意图

二、器材

(一)羽毛球球拍

1.羽毛球球拍结构

球拍的框架,拍头长度和拍框长度不得多于290mm,包括拍柄在内,总长度短于680mm。球拍面宽度不超过230mm;穿线表面不超过280mm长及220mm宽,拍弦面长不超过280mm,宽不超过220mm(见图2-5)。

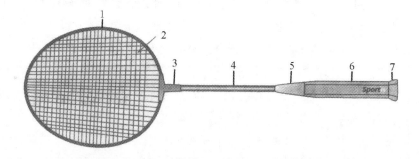

图2-5 球拍结构示意图

1—球拍框;2—拍弦面;3—连接喉;4—拍杆;5—柄套;6—拍柄;7—底套

2.球拍的材质变革(见表2-1)

表2-1 羽毛球球拍材质变革历程表

历程顺序	材质名称	结构组成及优缺点
1	木拍	羽毛球拍的原始状态,已被替代
2	铁拍	拍杆和拍框均为铁质,拍体较重,容易变形
3	铝铁一体拍	拍框为铝合金材质,拍杆为铁管,"内三通"连接,工艺较细
4	铝合金拍	结构铜铝铁一体拍,采用"外三通",价位较低,比较普及
5	铝碳拍	拍框为铝合金,拍杆为碳素纤维,利用"外三通"连接。重量比较平均,价格适中,涂装简单
6	铝碳一体拍	结构材质同铝碳拍,采用"内三通"连接。拍框较重,涂装漂亮
7	全碳素拍	拍框和拍杆均为碳素纤维。此类拍为两种结构,一是连接型,即分别做出拍框和拍杆,利用粘合工艺将两部分连接在一起。二是一体成型,这种工艺难度最大,成本高。有减震性,手感轻盈,弹性佳
8	钛合金	在全碳的基础上加进钛金属材料,价格贵,拍体轻,强度大

3.球拍的选择

对于喜欢羽毛球的人来说,球拍的价位、外包装以及颜色显得不是那么重要,反而球拍的形状、轻重、组成、材料、软硬度及穿弦的正确和磅数更为重要。

(1)拍形与甜区(sweet point)。拍形:拍头的形状。有以下几种:①拍头为方形的 ISO 拍形;②常见的卵状;③弦面更大的加大 ISO 形;④拍框上宽下窄的"大椰头"形。甜区:球拍面的最佳击球区。当击球点在最佳击球区时能让击球威力大,控球较强。球拍面甜区的大小对运动员来说至关重要,甜区越大,运动员更能容易打出高质量的球。框形是决定甜区大小的最关键因素。

(2)质量。一只球拍的质量,一般情况下,标法为 U、2U、3U,全碳羽毛球拍的重量大多为 2U(90～94 g)或 3U(85～89 g)。质量较大的球拍适用于力量好并偏重进攻的球员。质量小的球拍更适用于偏重防守的球员。

(3)硬度、扭力和控球性的关系。运动员比赛中,击球瞬间球和拍面接触的瞬间时间只有千分之四到六秒。在引拍、挥拍击球时,拍杆有多次弯曲和复原的过程,在球拍没有复原时球已经飞离了拍面。在运动员力量大致相同时,拍杆硬度越小在挥拍过程中越容易弯曲,并且弯曲幅度也更大,从而带动拍头以更大的角速度移动,产生更大的击球力量。反之,拍杆越硬则击球时能传递给球的力量就越少,但能减低击球震动的传递。对于拍框而言,拍框的硬度和接触球时变形和扭动是成正比的。

(4)扭力:击球时,球拍面产生扭转的幅度大小。扭力越小对球的控制性就越好。硬度与控球性的关系:①方向的控制性:当球拍击球时,可根据击球的方向或角度回击。拍杆、拍框越硬对于方向的控制稳定性越高,而且当球并非打在拍面的甜区时,越硬的球拍扭力越小;②深度的控制:这是指被回击的球飞行的距离(落点)的控制。深度的控制和球员本身的力量有关,力量相同的清况下,拍杆越软对深度的控制性就越好。

(5)选择球拍的步骤(见表2-2)。

表2-2 选择球拍步骤表

步骤	选择内容	选择依据
1	质量是否合适	根据自己击球的特点类型,选择适合自己质量的羽拍。
2	检查羽拍的整体结构	检查羽拍的弹性,可挥动羽拍,看是否震手,也可一手握住拍柄,一手扶住拍头顶端掰一掰,看羽拍头是否有弯曲,判断羽拍的弹性大小
4	根据场上所处的击球位置	进攻时应选较重、硬度适中的球拍,单防守时,应选择质量小的球拍。打比赛时,应选择加长型的球拍,双打比赛时,可以选择标准长度的球拍
5	根据手形大小选择拍柄	以握住拍柄感觉舒适为宜。根据自身手的大小,可以选择粗大的拍柄握或较细或呈正方形的拍柄
6	羽弦和拍头	弦装得是否匀称,交叉弦组成的每个方块要均匀,拍弦的松紧度要一致。拍头的形状大致分为2种,有常见的蛋形和头部为方形的平头拍框。羽球拍的形状决定了它的甜区的大小
7	羽拍的构成材质	材料的选用和拍子的重量和价格有直接的关系。一般来说全碳羽拍的质量最小,是目前的主流材料

不同材质的球拍强度、硬度、消震对照表见表2-3。

表2-3 不同材质的球拍强度、硬度、消震对照表

材料	超刚性碳纤维	钛金属	高张力碳纤维	克维拉纤维	碳纤维	玻璃纤维	高黏性碳料聚合物	铝	木
硬度	10	2.5	8	2	5	1	3	2	1
强度	10	2.5	7	10	8	6	8	4	1
消震	5	3	4	7	4	4	8	1	10

4. 正确的选用羽弦

一支好的羽毛球拍是由拍体和羽弦两部分构成，羽拍和羽弦的选择都很重要，羽弦的重要性并不亚于羽拍。弦的种类一般有两种：一是羊肠弦，二是合成尼龙弦。羊肠弦是用羊的小肠制作而成的，其弹性和击球性能较好，但是易受气候影响，容易损坏，成本高。弦的粗细在羽弦的击球性能和耐打性的平衡点上也很重要。较细的羽弦（直径0.70mm以下）有较佳的手感和击球性能；较粗的羽弦（直径0.70mm以上）的耐打性较好，使用时间较长。弦的张力也称为紧度，拉力一般用磅数来表示。要使你的球拍能配合你的打法，要定好羽弦的张力。第一个原则就是，如果羽拍和羽弦制造商在羽拍和羽弦包装上标有建议的磅数，羽弦的张力最好介于其中，这样羽拍和羽弦的性能才能被发挥出来。如果你的磅数超过了建议磅数可能会使你的球拍和羽弦得不到质量保证。一般羽拍的建议磅数为16～20磅[①]，少数为16～22磅。穿弦建议还是把主弦（纵弦）和横弦分开的穿法，如果你想得到更大的弹性，就应该将磅数穿低一点，低张力的羽弦能产生更大的弹性，反之，羽弦的张力越高，击球的威力就越小，但是对于击球的深度（距离）的控制就越好，高磅数的羽弦弹性有限，所以羽弦给予球的弹弓效应就越小。因此，练习者力量较小需要威力，就将羽弦的磅数穿低些。反之，较高磅数的张力将更适合。

5. 球拍椎柄字母含义（见表2-4）

表2-4 球拍椎柄字母含义表

字母	质量/g	字母	尺寸/mm	备注
U	95～100	G1	23×26	
2U	90～94	G2	22×25	×U表示球拍的空拍质量，G×表示拍柄的粗细
3U	85～89	G3	21×24	
4U	80～84	G4	20×23	

[①] 1磅=0.453 5 kg

全碳球拍的重量大多在2U、3U、4U,但也有少数的羽毛球拍的重量低于80g,较重的球拍适用于进攻性的球员,要求球员力量要大;质量小的球拍更适用于偏重防守的球员,对力量要求不高,在选购羽毛球拍时可以根据自己的情况来购买。

(二)羽毛球

1.羽毛球的结构(见图2-6)

三段式羽毛球由球头、人造植毛架、短羽毛片组成,短羽毛片长47～49mm。短羽毛片的羽毛杆植入植毛架的植毛管中,整个植毛架再植入球头中。羽毛杆通过所植入的植毛管,相邻植毛杆之间是由相同材质的连接筋连接。二段式羽毛球由球头、长羽毛片组成,长羽毛片75～77mm。长毛片的羽毛杆植入球头内。羽毛杆是由二道线缠绕,再在线上涂胶固化。

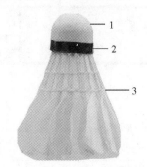

图2-6 羽毛球结构示意图
1—球头;2—色标;3—球尾

羽毛球组成材质:

羽毛:以鹅毛或鸭毛为主,经过漂白筛选后,上等毛用来做比赛球,毛色较不纯或毛质较差则作练习球。一般一颗羽毛球以14或16枝羽毛排成对等圆圈状,羽毛长度则依全毛和半毛而有所差异。

球头:按照所用材料分,常见的有硬质塑料球头、泡沫塑料、软木三种。前两种主要用于低档的娱乐用羽毛球,成本较低、性能较差。中高档的羽毛球都是采用天然软木质的球头,按照软木的等级分为比赛级和练习级用球,整个羽毛球的标准质量在4.74～5.50g之间。

软木球头大致可分为三类:整体软木球头、复合软木球头、再生软木球头。常用球头有两种:一种是全软木球头,低品质的软木材料比较容易开裂。一种是台纤板球头软木复合(人造材料),这种球头的强度比较好。

台纤板球头的结构:球头上层为化纤材料约13mm左右,下层为软木。下层的软木有三种:①小颗粒碎软木,硬度在邵氏(材料弹性、塑性、强度和韧性等力学性能的综合指标)60 以下;②大颗粒碎软木,硬度在邵氏 60 以上;③13mm 整体软木。台纤板的球头耐打度好于全软木,因为球头开裂情况少。

2. 羽毛球的飞行速度

验球时,运动员应在端线外用低手向前上方全力击球。球的飞行方向应与边线平行。符合标准速度的球,应落在场内距离对方端线外 530～990mm 之间的区域内(见图 2-7)。

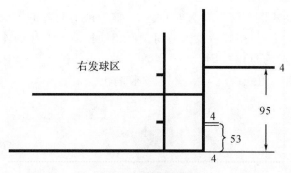

图 2-7 球速测验区

羽毛球速度:指练习者击球后,球的飞行速度,主要取决于击打练习者技术特点和球拍质量等因素。羽毛球所标识速度和生活中的速度是不一样的,速度一般是用来区分所处环境不同,所采用的球也不相同。一般的测试速度是使用标准的力量击打羽毛球所获得的速度,如用一个中间的速度(76SPEED)飞行的距离是 12m,而每增加或减少一个速度,则是增加或减少 30cm。当然不一样的球速,也决定于球的羽毛的角度,球的质量和球口的直径。羽毛球的速度快慢取决于羽毛球的质量。而且,气温的高低、空气的温度大小以及打球地点的海拔高度,对其质量都有较大的影响。一般夏季气温高、湿度大,或高海拔地区都要选择质量较小的羽毛球。冬季气温低、气候干燥、湿度小,或低海拔地区就要选择质量较大的羽毛球。羽毛球质量选择与气温关系的对照:球 4.74g、76♯、1♯ 在夏季高温时使用;球 4.8～4.9g、77♯、2♯,春、秋气温稍高,人身体感到很舒适,气温在 25℃左右,球 5.0～5.2g、78♯、3♯,春、秋气温略低,人体感觉略有凉意,气温在 18℃以下,球 5.3g、79♯、4♯,冬季 5℃左右。

球速颜色标识:常用的球也通过三种颜色(色标)对球进行区别:

红色:快球,球质量比较大,适合室外。

蓝色:中等球,中等质量,用于凉爽宽大的室内场地。

绿色:慢球,质量较小,用于温暖较小的室内场地。

第二节 羽毛球运动常用专业术语释义

体育领域,各个运动项目都有其专门用语——术语,每一术语在该项目中都有严格和特定的含义,能够正确的反映一事物的本质和其结构特点。羽毛球专业术语就是羽毛球运动的基本知识、动作技战术、教学训练、竞赛、规则裁判等方面的专门用语。羽毛球运动对高校校园体育文化有着举足轻重的作用,在高校普及程度较高,选课率居高,正确运用专业术语对于提高教学训练效果,开展校园体育竞赛活动等方面都有其不可缺失的重要性。

一、基本知识术语

(一)场地

端线:场地两端长 6.10m(双打),5.18m(单打),宽 4cm 的白线称为"端线"。

边线:场地两侧长 13.40m,宽 40mm 的白线称为"边线"。

中线:场地正中、与边线平行的、宽 40mm 的白线称为"中线"。

(二)场地区域划分

前场:前发球线附近至球网区域。

后场:从端线至场内约 1m 处。

中场:前、后场区之间的区域。

左、右场区:以场地的中线为界,分为左、右两个场区。

(三)站位

站位:当球在对方场地,对手击球之前,自己选择一个适当的位置和适当的姿态等待对方的来球,也称为接发球站位。站位包括位置和姿态两个方面,属于羽毛球步法的一个组成环节,不同的情况采用不同的站位,也是羽毛球意识的一种表现。比如一般情况下,双打比赛中,处在进攻状态时,二人采用前后站位比较有利;处在防守状态时,二人采用左右站位比较有利。

常规站位:指当对手回球可以有(如:拉、吊、杀等)多种选择时,自己应选择兼顾性最好的站位。

特殊站位:打球时经常会出现一些特殊局面。如果不分场合,都采用相同的站位,那也是不合时宜的。打球讲究技术应用的合理性和有效性,在特殊情况下,打破常规获得更大的有效性。

(四)击球

击球是指练习者挥拍、引拍、击球时,球接触拍面的一瞬间。击球区域有很多种,练习者站在右半区击球叫做右半区击球,在左半区的击球叫做左半区击球。站在前场击球叫前场击球、站在中场击球称为中场击球、站在后场击球称为后场击球。根据来球高度的不同,又可分为上手击球(高于肩的来球,击球点在肩上)和下手击球(击球点低于肩)。

(五)拍形角度与拍面方向

拍形角度是指球拍面与地面所成的角度。拍面方向是指球拍的拍面所朝向的位置。拍形角度可分为七种:拍面向下、拍面稍前倾、拍面前倾、拍面垂直、拍面后仰、拍面稍后仰、拍面向上。拍面方向可分为三种:拍面朝左、拍面朝右、拍面朝前。拍形角度和拍面方向控制的好坏对击球质量的影响是非常大的,所以我们必须在每一次击球中认真调整好拍形、拍面,击出合乎质量要求的球。

(六)持拍手和非持拍手

持拍手指运动员比赛中握着球拍的手。非持拍手指比赛中没有握拍的手。

(七)击球点

击球点是指击球时,球和球拍的接触位置,一般根据在拍面的位置可以理解为为击球点靠前、击球点靠后、低位击球点和高位击球点四个位置。击球点与身体的位置是否合适,直接关系到击球质量高低、击球速度快慢、击球方向的准确性。位置恰当,击球省力且力量大,速度快,击球质量高。它将直接影响着运动员击球的力量、速度、弧线、落点,最终将影响运动员击球的命中率。因此选择合适的击球点至关重要。

(八)击球的基本线路

所谓击球线路是指球被运动员击出后在空中运行的轨迹和场地之间的关系。

羽毛球运动员击球线路之多是无法胜数的,以下只研究决定羽毛球线路规律的几条基本线路。羽毛球的基本线路可分为五条,即:左方直线、中路直线、右方直线、右方斜线(右方对角线)、左方斜线(左方对角线)。而根据击球运动员站的位置(左、中、右),每个位置又可分别击出直线、中路、斜线,因此又可派生出九条线路来。

以下根据五条基本线路做详细介绍:

左方直线:从击球者的左方场区击打至接球者左方场区的运动轨迹可称为左方直线,羽毛球运动过程中路线与边线平行。

中路直线：从击球者的中路场区击打至接球者中路场区的运动轨迹可称为中路直线，羽毛球运动过程中路线与边线平行。

右方直线：从击球者的右方场区击打至接球者右方场区的运动轨迹可称为右方直线，羽毛球运动过程中路线与边线平行。

右方斜线：击球者发球时，羽毛球从击球方的左方场区打到接球方的右方场区的路线被称为右方斜线。

左方斜线：击球者发球时，羽毛球从击球方的右方场区打到接球方的左方场区的路线被称为右方斜线。

另外还可以与正手、反手结合起来，如正手直线、正手中路、正手斜线、反手斜线等。

（九）以击球点在击球者身体位置的方向分类

正拍：用掌心一边的拍面击球称为正拍。

反拍：用手背一边的拍面击球称为反拍。

头顶球：击球者用正拍拍面击打反手区的上手球，称为头顶球。

上手球：击球点在击球者肩部以上。

下手球：击球点在击球者肩部以下。

（十）以球的飞行弧线分类

高球：从场地一边的后场，以高弧度击到对方场地后场。

平高球：从场地一边的后场，以较低的弧度（不让对方在半途拦截到）击到对方后场。

平快球：从场地一边的后场，以较平的弧度击到对方后场。

吊球：从场地一边的中、后场使球快速向下直线飞行到对方场区。

平抽挡：击球点在击球员身体的两侧或近身，挥拍动作幅度较大的称为抽球，挥拍动作幅度较小的称为挡球，使球以与地面平行或向下飞行的弧线击到对方场区

挑高球：把球从前场或中场在低于球网处，向上以较高的弧度击到对方后场。

推球：靠近网三分之一上部，使球以低平弧线击到对方后场区。

放网前球：球从本方网前击到对方近网区。

搓球：用拍面切击球托，使球带有放置和翻滚飞行过网称作搓球。

勾球：在网前使球以对角线击到对方网前。

扑球：在近网高处把球以快速直线向下击到对方场区。

二、部分常用战术术语

(一)四方球

利用不同的击球技术,来回不停的把球打到对方的四个角上,全场拉开、左右拉开和前后拉开,调动对方位置,消耗对方体力,进攻得分。

(二)下压

把前场高于网顶和后场高空下落的来球,击打后让球快速的向下直线飞行到对方的位置。让对方处于防守的地位。

(三)追身球

趁对方立足未稳时,把球对准对方身体进行突击。

(四)拉开

把球打到对方场区左右、前后不同点上,使对方离开中心位置。拉开可分为全场拉开、左右拉开和前后拉开。

(五)吊上网

吊球后,在对方接吊放网前时即快速上前控制网前,以扑、搓、钩、推等技术连续进攻或创造进攻机会。

(六)突击

突然加快速度,并以起跳的方法拦截来球进行扣杀,使对方猝不及防。

(七)杀上网

杀球后迅速向前移动,封住前场,以扑、搓、钩、推等技术连续进攻。

(八)重复球

两次或连续多次攻击对方的一个点或一个场区。如重复后场、重复网前、重复后场正手等。

(九)攻人战术

这是双打比赛中常用的一种战术。在对方两名队员技术水平不平衡时,一般都采用这种战术,即使对付两名球员技术水平相差不大的对手时也可灵活运用。先通过将球下压或控制前场取得进攻机会,然后集中力量"二打一",避其所长,攻其所短。

(十)前场打点封压进攻战术

这种战术双打比赛中要求打法比较积极,前半场技术要好,步法移动要快,两名队员配合默契。主要通过前半场积极抢点放网、推拨半场、平抽平挡和接杀球挡网跟进等技术,迫使对方被动起高球,从而有利于自己一方后压前封进攻得分。

(十一)攻中路战术

将球击到对方两名队员站位之间的空隙,从而造成对方出现争抢回击,或相互让球漏接等错误,尤其针对一些配合不够默契的对手,比较行之有效。当对方前后站位时,可将球击到对方中场两侧边线处。而在对方分边左右站位防守时,则可利用杀球、吊球等技术攻击对方的中路。

(十二)压后场拉开反击战术

一般用来对付后场扣杀力量或移动能力较差的选手,也可结合将对方的弱者调到后场使用。此战术是用平高球、平推球、接杀接吊抽、挑后场球等技术,把对方一名队员紧逼在底线两角来回移动击球,并迫使其回击出质量不高的球,然后抓住有利时机反击。如在此过程中,对方处于前场的同伴欲后撤援助,则可伺机攻击网前空档或对其打追身球。

第三章 羽毛球基本技术

第一节 羽毛球技术结构及特点

一、羽毛球技术动作基本结构

羽毛球技术结构指羽毛球技术的动作组成(或活动)之间的普遍联系和相互作用的形式。了解羽毛球技术结构能够使练习者更加细致地掌握羽毛球运动的基本技术,熟悉羽毛球基本技术的各个动作之间的原理以及击球过程中肌肉发力感受,更快掌握动作要领。

根据羽毛球技术结构的特点,可将羽毛球技术大致分为两类:判断技术和动作技术。

(一)判断技术

判断技术表现形式是人肉眼很难看到的,只能从运动员的步法移动和击球效果中来判断运动员水平的高低。判断技术的结构是:观看→传入神经系统→大脑皮质的综合分析→传出神经系统。

这几个活动中,观看是前提,综合分析是关键。只有看得及时、看得全面、看得准确,分析才能有可靠的依据。分析需要有一定的经验与理论做指导,理论水平的高低、分析综合能力的强弱,是影响分析综合效果的主要因素,因此我们必须加强视觉灵敏度、理论水平和分析能力来提高训练。

(二)动作技术

无论前场、中场还是后场击球,迅速移动到位都是正确完成击球技术动作的基本基础。每项击球技术动作的下肢步法都包括选位准备、判断起动、移动击球和迅速回中四部分。

(1)选位准备:对方击球前,根据对方的击球特点,选择己方的回击球位置。选位积极合理,等于先行半步,为快速移动击球奠定了基础。

(2)判断起动:在对方击球的瞬间判断来球方向,同时向来球方向迅速起动。准确判断是快速起动的前提,利用前脚掌,发挥踝关节力量迅速蹬地,向来球方向起动,使身体获得充分的起动加速度。

(3)移动击球:是由起动位置向击球位置移动并完成击球动作。一是并步、交叉步、蹬跨步、垫步和跳跃步等步伐组合的合理搭配使用,步幅到位。二是脚步尽量保持水平移动,不宜抬腿过高。三是根据来球距离合理地选择移动方式和步法组合,可以一步移动到位击球,不能用两步移动。四是击球前的最后一步,应争取使用跳步和蹬跨步来提高击球点。

(4)迅速回中:击球动作完成后,支撑脚一触地,迅速调整身体重心,向中心位置回位,以准备下一次击球。回位步法节奏应同击球节奏协调一致。最佳的回位步法节奏是在对方击球的瞬间正好是己方回到中心位置、准备开始再次起动之时。

二、羽毛球技术特点与要求

羽毛球基本技术包括手法和步法。

(一)手法上的一致性

比赛击球中,羽毛球所有的基本技术,后场的高远球、吊球、杀球,或是网前的搓球、推球、勾球等技术,在击球时,准备姿势、引拍动作和挥拍动作的前期动作都要尽可能做到动作一致性的要求。优秀的运动员,手法保持一致性是基础,能够随机应变,给对方造成压力,使对方不能够在己方击球前给予预判,迷惑对方。而且手法的一致性还经常提高对方预判错误概率,使其处于被动状态。

(二)手法上的灵活性与突变性

手法是羽毛球技术的关键,羽毛球各种击球技术动作都是靠手法完成的。能否灵活运用手指各关节发力、捻动细小动作及协调性,是手法突变性的前提,也是比赛得分的关键。

(三)手法的隐蔽性及击球的准确性

在手法一致性的前提下,当发现对方提前移动,准备接本方将要击出的球时,突然改变本来想要做的动作而打出另一种球路,出手具有隐蔽性,使对方看不出意图,迷惑对方。

(四)步法的全方位特点

羽毛球步法由垫步、并步、跨步、蹬步和跳步等基本步法构成,并由这五种基本步法组成向前、后、左、右的全方位步法,只有这些基本步法组合得合理和掌握得协调,才能有利于更快地达到击球的方位及争得主动权。

(五)步法的快速和灵活特点

移动、制动和回动各个环节必须快速灵活,提高快速移动的能力,才能在比赛中争得更多的主动权。否则,步法的迟缓就将导致在比赛中处于被动地位。手法的一致性和突变性特点,是与步法的快速和灵活性特点相辅相成的。根据赛场情况的变化,能及时地调整和改变步法的组合及其幅度、频率,才能变被动为主动。

第二节 握拍技术

击球过程中,羽毛球球拍是持拍臂的延伸,为了发力的连贯性以及持拍手腕的灵活性,正确握拍至关重要。握拍的方法不得当,往往会影响练习者对球的控制能力,会限制比赛中战术和球路的发挥。因此,羽毛球拍握法正确对于掌握和提高羽毛球技术水平有着重要的影响。羽毛球技术中的握拍和指法是多种多样的,但是基本的、正确的握拍法有两种,即正手握拍法和反手握拍法。握拍的灵活性根据对方来球的不同角度和为了控制准确的落点而调整,握拍方法也随时会有些细微的改变。

一、握拍的灵活性

各种手法技术都是在手腕灵活、放松的情况下完成的,如果握拍太硬,会影响手腕发力,导致技术的发挥失常,中网前的技术握拍更甚,不可过松或过紧,拍柄一定要离开掌心,以灵活变化。其实在场上打球时,各种握拍姿势之间是直接变化的,根据对方来球的不同角度和为了控制准确的落点,握拍的方法也随时会有些细微的改变。

二、指法

(一)捻动发力

用拇指和食指进行相互转动,使拍做出内旋、外旋的动作。配合前臂相应内旋、外旋动作和腕部屈、伸、展、收和回环动作才能协调用在发力不大的技术动作上,在搓球、吊球、勾对角球、接发球等技术中运用。

捻动发力方法:
(1)拇指、食指不移位,相互配合使拍柄内外转动。
(2)食指向上移位,拇指向下移位,相互配合使拍柄内转,用于正手。
(3)拇指向上移位,食指向下移位,相互配合使拍柄外转,用于反手。

(二)屈指发力

这是发大力量的指法,有用拇指、中指、食指三指指力压拍击球,也有用拇指、中指两指指力压迫击球完成击球后成拳式握拍。除用指力外,还需前臂的外旋、内旋与手腕的屈伸配合。

(三)屈捻发力

既有屈指发力又有捻动发力,动作小、速度快、力量大。可配合前臂内旋、外旋与腕的屈、伸、展、收和回动作协调发力,在推球、扑球技术中运用。

(四)小臂的内旋与外旋

手掌平放,让手背朝上的动作即为内旋,从手背转到手心为外旋。

应用:此动作多用于高远球、平高球、杀球、抽球等动作的发力,其作用一为调整击球的拍面,二为增加击球瞬间的爆发力。

(五)手腕的内收与外展

手臂平放,手掌直立形同握手,手掌向上抬为外展,向下压为内收。

应用:多用于反手击球。

(六)手腕的前屈、后伸发力

手臂平放,手背朝上,当手腕向下压时为前屈,手腕向上抬为后伸。

应用:后场大力杀球、平高球、挑球等动作。

三、正手握拍法(以右手为例)

动作要领:握拍前先用左手拿着球拍杆,让球框立起来,与地面成90°;再将执拍手虎口对着立起来的球框,拇指和食指贴在拍柄的两个宽面上,食指和中指稍分开,中指、无名指和小指并拢握住拍柄,掌心不要紧贴,球柄底部紧贴小鱼际;食指与中指稍分开,掌心与拍柄应留有空隙。握拍后手臂自然前伸,拍面与地面基本上保持垂直,击球时,食指发力,大拇指支撑。正手发球、右场区各种击球及左场区头顶击球等,一般都采用这种握法(见图3-1)。

四、反手握拍法(以右手为例)

动作要领:在正手握拍的基础上,将球拍柄稍向外旋,拇指顶贴在拍柄第一斜棱旁的宽面上,也可将大拇指放在第一、二斜棱之间的小窄面上,食指稍向下靠。击球时,靠食指以后的三指紧握拍柄,同时拇指前顶发力击球。为了便于发力,掌心与拍柄间要留有充分的空隙,击球时,大拇指发力,食指支撑。用于各种反手击球技术中(见图3-2)。

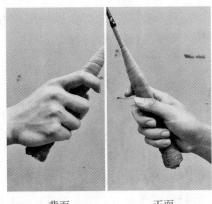

　　　　背面　　　　　　　正面

图 3-1　正手握拍图

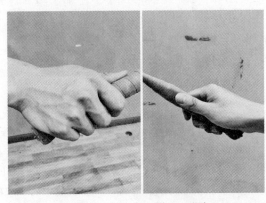

　　　　背面　　　　　　　正面

图 3-2　反手握拍图

第三节　发球技术

　　发球是羽毛球运动一项重要的基本技术。高质量的发球会给对方接发球造成困难，迫使对方只能作防守性的回击，甚至会造成接发球失误；质量差的发球会使对方获得进攻机会，使己方处于被动。因此，发球质量的优劣会直接影响到比赛的主动或被动甚至比赛的胜败。

一、发球的站位

(一)正手发球的站位

动作要领:单打的发球站位,左脚在前,脚尖垂直于球网,右脚在后,右脚尖近似垂直于中线。一般选择在场地中部、距前发球线约1m左右的位置,不能踩线。双打竞赛特点决定了双打发球的站位位置可稍前一些,这样有利于下一拍的抢网球(见图3-3)。

(二)反手发球的站位

动作要领:靠近前发球线的中线处,左脚或右脚在前均可,上体略前倾,后脚跟略提起,身体重心落在前脚上(见图3-4)。

图3-3 正手发球站位

图3-4 反手发球站位

二、发球的分类

发球可分为正手发球和反手发球。按照球在空中飞行的弧线来分,发球可分为发网前球(也叫"短球")、发平快球、发平高球、发高远球等(见图3-5)。一般来说,发网前球、平高球、高远球均可采用正手发球法。常见的基本发球技术有:正手发高远球、正手发平高球、正手发网前球、反手发网前球等等。

(一)正手发球

正手发球是在身体右侧采用正拍面击球的一种发球方式,在实战中被广泛采用。正手发球可根据不同的战术需要发出不同的球,如后场高远球、后场平高球、后场平射球和网前小球等不同弧度的球。

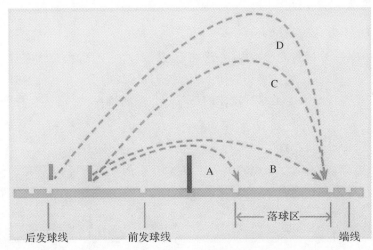

图3-5 各种发球的弧线示意图

1. 正手发高远球

球的运行轨迹又高又远,当球到达最高点呈自由落地下落时与地面成垂直的角度,落多点在对方场区底线附近的球称为高远球(见图3-6)。

图3-6 正手发高远球

战术效果:发球的时候将球发至对方底线边缘,强迫对方后退被动接球,为本方进攻提供机会。

动作要领:

(1)站在靠近中线一侧,离前发球线约1m左右位置上。身体左肩侧对球网,左脚在前,脚尖向网,右脚在后,脚尖稍向右侧,两脚距离与肩膀同宽,身体重心放在右脚上。

(2)左手把球举在身体的靠右前方并放下,使球落下;右手同时由大臂带动小臂,从右后方向前,往左前上方挥动,大臂开始挥动的时候,身体重心由右脚慢慢地移到左脚。

（3）击球时，当球落到击球人手臂向下自然伸直能触到球的部位的一刹那，握紧球拍，并利用甩手腕的力量，向前上方鞭打用力击球，在把球击出的同时，手臂向左上方挥动，击球之后，身体重心也由右脚移至左脚，身体微微向前倾。

（4）在球落到右臂向前下方伸直能够接触到球的一刹那，紧握球拍，并利用手腕屈收的力量向前上方用力击球，然后顺势向左上方挥动缓冲。

2. 正手发平高球

正手发后场平高球是用正手握拍法，以正拍面击出飞行弧度较发后场高远球低的一种发球（见图3-7）。

战术效果：实践中，质量较高的平高球常可以调动对方的站位，使其失去身体平衡，回球质量差，从而为己方更有力的进攻创造机会。在与基本技术较差、步法较慢的对手对阵时，一个突然的平高球往往会使对方后退不及而失分。

动作要领：

（1）准备姿势、引拍动作和击球后的动作均与正手发后场高远球相同。

（2）发球时以小臂带动手腕发力为主，拍面与地面的夹角小于45°，向前推进击球。

图3-7　正手发平高球

3. 正手发网前球

正手发网前球以正拍面击球，使球贴近球网而过，落在对方前发球线附近的一种发球。由于它的飞行弧度低，飞行距离短，可以有效地限制对方直接进行强有力的进攻，是单、双打比赛中较常见的一种发球（见图3-8）。

战术效果：控制对手，让对方起高球便于进攻。

动作要领：

（1）准备姿势、引拍动作和击球后的动作与正手发后场高远球一致。

（2）击球时握拍要松，前臂只是前摆而不做内旋动作，靠手指控制力量，手腕收腕发力，用斜拍面往前推送击球，使球轻轻擦网而过，落入对方前发球区内。

(3)击球后的动作与发后场高远球一样,自如地向左前方挥动。

图3-8 正手发网前球

(二)反手发球

反手发球技术是在身体的左前方用反拍面击球的一种发球方式。击球时,小臂带动手腕朝前横切推送。发网前球时,用力要轻,主要靠切送;发平快球时,发力要突然,击球时拍面要有反压动作。

1.反手发网前球

反手发网前球是用反手握拍,以反拍面击出与正手发网前球飞行弧度一样的一种发球(见图3-9)。

图3-9 反手发网前球

战术效果:反手发网前球一方面是动作小、出球快、对方不易判断,而且不轻易给对方进攻机会;另一方面是压制对方,希望对方起球而给己方后场队员有更多的进攻机会。一般双打比赛中多采用此发球技术。

动作要领:

(1)站在靠中线,距前发球线较近的位置上。

(2)面向球网,右脚在前,左脚在后并提起脚跟,重心放在右脚上,上体稍微前倾。右手反手握拍,左手拇指和食指捏住羽毛,球托向下,斜放在拍面前面。为了更好地控制发球时的发力,握拍时可握在拍柄的前端,肘关节抬起,手腕前屈。

(3)挥拍击球时,球拍稍微向后摆,并不停顿地接着向前挥动。前臂向斜上方推送,同时带动手腕由屈到微伸而向前摆动,并利用拇指的顶力,轻轻地"切"击球托的侧后部。

(4)击球后,前臂上摆至一定高度即停止。

2. 反手发平高球

反手发平高球关键在于掌握击球时的角度,以免球高缺乏攻击力,太低则易遭受对方拦截。

战术效果:此发球技术挥臂距离动作比较小,动作速度快,导致对方不容易判断发球方的发球技术,可以给对方出其不意的发球进攻,多用在双打比赛中(见图3-10)。

图3-10 反手发平高球

动作要领:

(1)两脚前后站立,侧身对网,右脚在前,左脚在后,上体自然伸直,重心放在右脚,右脚尖面对发球网,左手拇指、中指、食指夹着羽毛,置于腹前,右手用反手握拍方式握拍,肘稍曲略抬,使球拍框向下自然置于腹前持球手的后方,眼睛目视前方。

(2)发球时,主要以前臂带动手腕从左下向右上方快速挥拍,在拍将要触球时,左手自然放球。

(3)在拍面与地面成120°~130°夹角时,用反拍面将球击出,击球的一瞬间手腕由屈变直,向前上方挥动,让球突然飞越接发球者,飞向后发球线。

3. 反手发平射球

反手发后场平射球,用反手握拍,以反拍面发出与正手发后场平射球同样飞行弧度的球(见图3-11)。

战术效果:反手平射球出手快,球平网快速击出,具有一定的威胁性。

动作要领:

(1)发球站位、发球准备姿势、挥拍击球动作及随前动作均与反手发平高球相同。

(2)击球瞬间突然发力击球托后部,让球以较快的速度、较平的弧线飞向接发球者的后场靠近中线区域。

图3-11 反手发平射球

第四节 接发球技术

羽毛球比赛中控制与反控制的争夺非常激烈。因此,取得比赛胜利的重要保证就是掌握比赛的主动权。为了应对或克服发球方的发球,以求后发制人,接球员的接发球技术也就成为一项重要的基本功,同时也是各项基本技术的综合运用,只有比较全面地掌握各种接发球的方法,才能在比赛中减少被动,力争主动。

一、接发球的准备姿势和站位

(一)单打接发球准备姿势和站位(以右手为例,见图3-12)

1. 准备姿势

两脚前后开立,一般应左脚在前、右脚在后,身体侧身对网,重心放在前脚上,后脚脚跟稍离地,双膝微屈,收腹含胸,左手自然抬起屈肘,右手持拍于右身前,思想集中,两眼注视对方。

2. 站位

在右发球区接发球时,运动员应站在靠中线离前发球线约 1.5m 处接发球,主要是防备发球员利用发平快球直接进攻反手部位,避免被动接发球;在左发球区接发球时,运动员则应站在该发球区内的中间位置接发球。

图 3-12 单打接发球准备姿势和站位

(二)双打接发球准备姿势和站位(见图 3-13)

由于双打比赛多半采用发网前短球(发高球容易造成长球或被对手扣杀),所以双打比赛接发球员接发球可站在接发球区内离前发球线较近的位置,以利于对付对方的网前球,或利于快速上网击球。

1. 准备姿势

与单打接发球准备姿势基本相同,身体重心可随意放在任何一脚上,球拍要举高以争取主动。在右发球区接发球时要注意防备发球员采用发平快球突袭反手部位。

2. 站位

比单打更有讲究,一般接发球站位法是站在离中线和前发球线适当的距离,在右区时要注意不要把右区的后场靠中线区暴露出来,在左区时注意保护头顶区。

双打抢攻站位法应站在离发球线很近的位置,前脚紧靠在前发球线,而且身体倾斜度较大,球拍高举,这种站法以进攻型打法的男选手居多。较为稳妥的站法是站在离前发球线有一定距离,身体类似单打站位法,这种站法是在无法适应对方发球情况下采用的过渡站位法,一般业余选手多采用这种站位法。另外,还有特殊站位法,即以右脚在前,站位与一般站位法类似,接发网前球时右脚一步蹬上网击球。

图3-13 双打接发球准备姿势和站位

二、接不同发球的打法

比赛过程中,接发球时应根据对方的发球路线、弧度、速度或发球质量,以及对方的技术特点等采取不同的接发球或回击的方法,让己方有效地变为主动的打法。接发球的球路和落点变化应结合战术的运用,做到以己之长,攻彼之短。

(一)单打接发球打法

1. 接发高远球、平高球(单打)

可用平高球、吊球或杀球还击。但如对方发球后站位适中,进攻时要注意落点的准确性,可以先打开四点,把对方调动起来,找准机会进攻。若用杀球、吊球还击,自己一定要注意对方回的网前球,速度要跟上,尽量抢网;如果对方发球质量很好就不要盲目重杀,可用高远球、平高球还击,伺机再攻,或者用点杀、劈杀、劈吊下压先抑制对方。

2. 接发网前球(单打)

可用平推球、放网前或挑高球还击。当对方发球过网较高时,要抢先上网扑杀。接发网前球的击球点应尽量抢高点。

3. 接发平快球(单打)

要观察对方的发球意图,随时要做好准备。借用对方的发球力量快杀或点杀,注意角度和落点,出其不意地打出追身球也能奏效,也可借助反弹力拦吊到对方网前。

(二)双打接发球打法

1. 接发短球

接发球虽然受发球方的牵制,属于被动等待,但由于规则对发球作了击球点不能低于1.15m、球拍上沿须明显低于手、动作必须连续向前挥动(不许做假动作)、不能迟迟不发等等的诸多限制,所以使发球者发出的球不能具有太大的威胁。接发球方如果判断准确、起动快、还击及时,就能在对方发球质量稍差时杀、扑得手或取得主动;反之,也会接发球失误或还击不利使己方陷入被动。

2. 接发内角位网前球

以扑或轻压对方两边中场及发球者身体为主要攻击点,配合网前搓、勾等其他线路。

3. 接发外角位网前球

除了以上打的点外,还可以平推对方底线两角以调动对方一名队员至边角,扩大对方另一队员的防守范围。

4. 接发内角、外角位后场球

应以发球者为攻击点,力争扣杀追身球。如起动慢了,可用平高球打到对方底线两角。一般发球者在后场球发出后,后退准备接杀的情况居多,这时可用拦截吊球,落点可选择在发球者的对角。

5. 接发后场球

由于双打的后发球线比单打短,在双打中若发高远球,接发球方可以大力扣杀,直接争取主动,同时又较少有后顾之忧,所以站位往往压在靠近前发球线处,把拍子尽量放在身前举高,这样对发球者可以造成很大的心理上和技术上的威胁。因此,发球质量、路线的配合、弧线的制造、落点的变化对整个双打比赛的胜负意义极其重大。可以毫不夸张地说,比赛的双方若水平差不多,则胜负取决于发球质量。

第五节 击球技术

一、击球过程基本技术环节的组成

完整的击球动作包括很多环节,每一次击球动作的完成,都是从站位准备姿势开始,判断对方来球的路线、落点反应起动,移动到击球最佳位置击球,迅速回中恢复准备姿势。

(一)判断、选位

在比赛中,击球环节短暂,要靠本能反应完成,因此"快速准确的判断是建立场上合理选位的基础"。运动员在站位准备时,除了接发球站位要根据对方发球的场区而确定自己的位置外,其他的击球准备站位一般是在球场的中心区域。应根据对方的战术意图、技术动作特点,比赛场上双方的攻防态势,每一次击球结束,立刻做出对方来球的击球方法和意图的推测就是判断。并根据自己的判断自己的站位做适当的调整就是选位。如果在击球结束,只是机械回中,没有判断、合理选位就会给对方进攻机会,没有合理的位置就会过多消耗自身体力。

准备姿势要有利于起动快,所以不能站的太固定。一般是两脚左右开立,右脚(或左脚)略向前半步,膝关节略微弯曲,以左脚(或右脚)为轴,身体重心在两腿之间移动,拍子平举在身前,拍头略向上,这点一定注意,如果拍子是垂在下面,对于下一步击球的反应就会慢半拍。

(二)反应、启动

羽毛球运动,具有回合多、移动距离短、步法快等特点,运动员比赛场上启动速度的快慢决定着比赛的胜利。击球启动过程,就是人体对外界刺激的反应过程。反应是速度素质的一种表现形式,指从给予刺激到开始发生动作之间的瞬间,由感觉时间(接受刺激,也就是根据视、听觉感知对方击球的动作和路线)、分析综合时间(思维时间)和运动时间(动作始动时)三方面组成。

正确的判断将有利于快速的启动,判断和反应、启动毕竟是两个既有联系,又不可完全替代的环节。优秀的羽毛球运动员在每一个击球过程中,都会去判断和预测对方运动员击球的路线和时机以及使用的战术,但是却不会在对方运动员未击球前提前向他们预测判断的位置移动去等待回击对方的来球。

做出预测判断主要根据对方的击球规律和击球动作,尤其在对方回球比较被动时,更能准确的预判。做出判断后,把自己的注意力和身体重心移向判断的方向,如果判断对方的被动回球只可能是某个路线,甚至可以提前移动(但接发球时不能提前移动),但眼睛仍要密切观察对方的回球。如果对方的回球路线与自己的预判完全符合,就在原来移动重心的基础上快速起动。如果对方回击的球路超出了自己的预判,就必须马上调整重心再起动。

(三)移动、引拍

移动是指羽毛球运动员为了更快、更准确迎接对来发球而采用的步法移动的方法,是利用羽毛球基本步法如并步、垫步、交叉步、蹬跨步、腾跳步和由基本步法组成的步法组合而进行快速、合理并又有一定规律的上网击球、后退击球和两侧移动击球的方法。启动后迅速到位,在移动过程中要同时完成引拍动作。

引拍是指击球动作中的整个引拍过程的前期动作,如击球运动员从中场到前场进行网上击球时,开始移动步法上网的同时,球拍就应该随即向对方来球方向伸拍,以至于击球及时。

移动能力主要反映在以下两方面:

速度—指运动员在场上从准备位置到击球位置之间位移的速度。

动作衔接—指是否有利于击球动作的选择与完成。运动员在最后一步移动到位时,不但应完成击球的前期引拍动作,还应力求使自己的身体姿势处于最佳的击球准备状态。

如上网移动时,以右手持拍者为例(以下均同),在完成最后一步移动到位时,就应该同时处于右手持拍前伸引拍,左臂自然后伸,右腿前跨,左腿在后,成弓箭步状。

(四)到位、击球、回位

在击球环节上首要体现出到位要早,要尽可能抢在高点位击球、在自己身体的前面击球,以便自己能根据场上变化和战术要求,通过控制自己的挥拍速度、击中球时握拍的松紧和变化球拍面的角度等,为能灵活选择和变化击球的方法、发挥自己最大的击球力量、准确地控制和变化击球的弧线、路线和落点提供有利的条件。

移动到合适的击球位置时,通常与握拍手同侧的脚应保持与握拍手在同一方向,也就是在上网击球时应右脚在前;后退至后场还击高球、吊球、杀球时应保持右脚在后。最后一步落地时要有一定的缓冲,以便控制好自己的身体重心,有利于下一步的蹬地起跳或回动。

比赛击球主要看击球的质量,能否得分,也就是看在击球过程中能否随意而精确地控制击球的速度、路线、弧线和落点,能否在同一个击球点上,在保持动作一致的基础上,击出速度、路线、弧线、和落点多种变化的球,使对方难以预判己方的回球目的。

击球之后,手臂要迅速恢复到准备姿势,做好下一拍的准备。此时的回位不一定就是回到场区中心,而是根据场上形势来决定回位的位置,具体情况还要具体分析。这其中实际上已经带有对对方回球预判的因素在内了。

二、影响高质量的击球的关键因素

羽毛球击球的基本技术要领可以分为握拍—击球点—动作协调性—拍面的控制—动作一致性等几个方面。

(一)握拍

击球过程中,羽毛球球拍是持拍臂的延伸,为了发力的连贯性以及持拍手腕的灵活性,正确握拍至关重要。如果握拍的方法不得当,往往会影响练习者对球的控制能力,限制比赛中战术和球路的发挥。因此羽毛球拍握法正确对于掌握和提高羽毛球技术水平有着重要的影响。

(二)击球点

击球过程中,球和拍面接触的一瞬间是挥拍速度最快的瞬间,击球发力不能太早或太迟,如果发力早和挥拍过早,就不能在击球的瞬间发挥出最大的力量。所以一定对来球有很好的判断后再击球。

(三)动作的协调性

动作的协调性是发力的关键,协调的动作可以调动身体各部位的力量,集中发力。协调的动作同样来自于放松的身体,身体的僵硬会导致动作也僵硬,动作会过大或者变形,从而发力不充分,出球质量不佳。

(四)拍面的控制

击球时的拍面控制和击球力量的大小可以影响羽毛球飞行的路线和落点准确性。击球时,不但要全面地掌握好各种击球技术方法,还要在击球的瞬间,准确地控制好击球的拍面角度和方向以及用力的大小,保证击球的准确性、稳定性和攻击性。这些都是击中球的瞬间由手腕和手指的动作变换来完成的。

控制拍面是指击球时球与球拍碰撞瞬间,球拍面与地面和球网所处的位置关系。拍面的控制包括拍面的角度和拍面的方向。拍面角度指球拍触球时拍面与地面形成的角度,分向下、前倾、稍前倾、垂直、稍后仰、后仰等。拍面方向指球拍触球时,拍面与球网及其延长线所形成的角度,有内切(指拍面转向身体内侧)、稍内切、平行、稍外转、外转(指拍面向身体外侧转动)。

如正手吊对角线球时,球与球拍碰撞瞬间,拍面通常应处于稍前倾、稍内切的位置;而在正手击平高球时,球与球拍碰撞瞬间,拍面角度应处于稍后仰、拍面方向应处于平行的位置。

(五)动作一致性

高手在击球的霎那间,可以变化出多种球路和落点,使对手在出球之前根本无从判断,这就是动作的一致性。动作一致性要求后场动作在打高远球、杀球和吊球时挥拍准备动作要完全一致,只在击球的瞬间有所不同。网前的动作也是一样,抢在击球的高点,搓、扑、推、勾的动作都可以完成。除了击球瞬间在动作上稍有区别外,在击球的前期动作上都具有很大的一致性。动作的一致性是做假动作的基础。

三、常用击球技术（以球的飞行弧线和落点区分，以右手持拍为例）

（一）击高球技术

击高球技术是后场击球技术之一，高球分为高远球和平高球。击高远球就是把球打的又高又远，球飞至对方底线上空垂直落到短线以内。

1. 正手击高远球（见图 3-14）

动作要领：

（1）准备动作：左脚在前，右脚在后，身体重心在右脚，两脚与肩同宽，身体左肩侧向网，持拍臂正手握拍，屈臂举于右侧，上臂与前臂间夹角约为 45°，拍面面向网。左手自然上举，眼睛注视来球方向。

（2）引拍动作：持拍手上臂随着身体向左蹬转，稍作回环上举，身体充分伸展呈"背弓"，肘关节向上向高抬起，拍头下垂，手腕放松。

（3）击球动作：持拍手上臂上举，自然伸直，前臂内旋闪腕击球，重心前移至左腿，击球点在右肩上方或前上方，左手协调屈臂降至体侧协助转体。手臂的配合顺序为：左下右上。

（4）随挥动作：身体随惯性向左侧转体，右脚随身体重心前移并向前跨步。右手向身体左下方挥拍，球拍减速后顺势收回至体前，还原成准备姿势。

图 3-14　正手击高远球

2. 头顶击高远球（见图 3-15）

动作要领：

（1）准备动作：左脚在前，右脚在后，身体重心在右脚，两脚与肩同宽，身体左肩侧向网，持拍臂正手握拍，屈臂举于右侧，上臂与前臂间夹角约为 45°，拍面面向网。左手自然上举，眼睛注视来球方向。

（2）引拍动作：持拍手上臂随着身体向左蹬转，稍作回环上举，身体充分伸展呈"背弓"，肘关节向上向高抬起，拍头下垂，手腕放松。

（3）击球动作：持拍手上臂上举，自然伸直，身体偏左倾斜。击球时，上臂带动前臂使球拍绕过头顶,从左上方向前加速挥动,发挥手腕的爆发力击球。

(4)随前动作:击球后,小臂内旋比较明显,惯性作用大,手臂惯性自然向前摆动。

图 3-15 正手头顶击高远球

3.正手击平高球(见图 3-16)

动作要领:

(1)准备动作:同正手击高远球。

(2)引拍动作:同正手击高远球。

(3)击球动作:击球的瞬间用小臂内旋带动手腕闪动,快速发力,以比击高远球仰角稍微小一些的正拍面屈指发力将球击出。

(4)随前动作:同正手击高远球。

图 3-16 正手击平高球

4.反手击高远球(见图 3-17)

动作要领:

(1)准备动作:身体转向左后方,右脚向左脚并一步,然后左脚向后迈一步,紧接着右脚向左前跨一大步,背对网,重心在右脚,并举拍于左胸前,微屈膝,根据来球的弧线与高度迅速移位。

(2)引拍动作:击球前,迅速换成反手握拍法,持拍于右胸前,拍面朝上,完成引拍动作。

(3)击球时,下肢屈伸用力,当球落下时,上臂迅速上摆,前臂快速向右斜上方摆动,手腕迅速回环伸展,拇指顶压拍柄,产生爆发力,以正拍面击球托后下部,身体重心从右脚转至左脚,并迅速转体回动。

(4)随前动作:击球后随身体重心的转移,身体转成正面对网回动,前臂内旋,使拍子回复至正常位置,恢复正手握拍法。

图 3-17 反手击高远球

(二)吊球技术

把对方击来的后场高球还击到对方的网前区的击球法称之为吊球。它的作用是调动对方站位,为己方创造突击进攻的机会。在后场若将吊球与高球或杀球结合起来运用,就能给对方以很大的威胁。

1. 正手吊球(直线、斜线,见图 3-18)

动作要领:

(1)准备动作:左脚在前,右脚在后,身体重心在右脚,两脚与肩同宽,身体左肩侧向网,持拍臂正手握拍屈臂举于右侧,上臂与前臂间夹角约为 45°,拍面面向网。左手自然上举,眼睛注视来球方向。

(2)引拍动作:持拍手上臂随着身体向左蹬转,稍作回环上举,身体充分伸展呈"背弓",大臂带动小臂,肘关节向上向高抬起,拍头下垂,手腕放松,回环引拍。

(3)击球动作:击球时,伸腕到屈收带动手指捻动发力,并以手指转动使球拍形成一定的外旋,用斜拍面切球托后部的右侧,主要靠手腕、手指来控制击球的力量,切球往前下方送。击球点在右肩的前上方。

(4)随前动作:身体随惯性向左侧转体,右脚随身体重心前移并向前跨步。右手向身体左下方挥拍,球拍减速后顺势收回至体前,还原成准备姿势。

注意事项:高远球击球动作是在右肩的最前上方,而吊球要稍偏前一点,因为击球后球往下走,所以一定不能过头。球越贴网,质量越高,靠手指、手腕来控制。吊斜线,包切的动作要大些,基本上是球托的右侧;吊直线,包切的动作要小些。

图 3-18 正手吊球

2. 头顶吊球(直线、对角线,见图 3-19)

动作要领:

(1)准备动作:同头顶击高远球。

(2)引拍动作:同头顶击高远球。

(3)击球动作:击球时,小臂快速内旋并往前下方挥拍,手腕的后伸外展带动球拍轻点球托的左侧后下部,使球朝着直线或对角线飞行。

(4)随前动作:同头顶击高远球。

图 3-19 头顶吊球

3. 反手吊球(直线、对角线,见图 3-20)

动作要领:

(1)准备动作:同反手击高远球。

(2)引拍动作:同反手击高远球。

(3)击球动作:击球时拍面的掌握和力量运用,小臂上摆,用拇指内侧顶住拍柄,手腕向后甩腕轻击球托的后下部位,使球的方向朝着直线或对角线方向落到对方网前。吊直线球时,用球拍反面切削球托的后中部,向对方右网前发力;吊对角线球时,用球拍反面切削球托的左侧,朝对方左网前发力。

(4)随前动作:同反手击高远球。

图 3-20 反手吊球

4.快吊(劈吊)

动作要领:击球准备和前期动作同正手高球。只是击球时拍面正向内倾斜,手腕作快速切削下压动作,击球托的后部和侧后部。若劈吊斜线球,则球拍切削球托的右侧并向左下方发力;若劈吊直线,则拍面正对前方向前下方切削。

(三)杀球技术

杀球是把对方击来的球在尽量高的击球点上斜压下去。这种球力量大,弧线直,落地快,给对方的威胁很大。它是进攻的主要技术之一。杀球分为正手杀直线和对角线球、头顶杀直线和对角线球、正手腾空突击杀直线球和反手杀直线球。杀球都有正手、反手、绕头顶杀直线和对角线。采取何种形式的杀球主要是取决于战术的需要和对方站位的情况。

1.正手杀球(直线,见图 3-21)

动作要领:

(1)准备动作:同正手击高远球。

(2)引拍动作:同正手击高远球。

(3)击球动作:移动到位击球时,屈膝下降重心,侧身起跳,往右上方提肩带动上臂、前臂和球拍上举,以便向上伸展身体。起跳后,身体后仰挺胸成反弓形。接着右上臂往右后上方摆起,前臂自然后摆,手腕后伸,前臂带动球拍由上往后下挥动,随后凌空转体收腹带动右上臂往右上摆起,肘部领先,前臂全速往前上挥动,带动球拍高速前挥。当击球点在肩的前上方时,前臂内旋,腕前屈微收,闪腕发力杀球。这时手指要突然抓紧拍柄,把手腕的爆发力集中到击球点上。球拍和击球方向水平面的夹角小于 90°,球拍正面击球托的后部,使球直线下行。

(4)随前动作:杀球完成后,前臂随惯性往体前收。在回位过程中将球拍回收至胸前,基本随前动作同正手击高远球。

图 3-21 正手杀球

2. 正手杀球(对角线)

动作要领：

(1)准备动作：同正手击高远球。

(2)引拍动作：同正手击高远球。

(3)击球动作：移动到位击球时，屈膝下降重心，侧身起跳，往右上方提肩带动上臂、前臂和球拍上举，以便向上伸展身体。起跳后，身体后仰挺胸成反弓形。跳后身体向左前方转动用力，协助手臂向对角方向击球。挥拍击球时，要集中全力往对角方向下压，球拍面和击球方向水平面的夹角小于 90°。

(4)随前动作：杀球完成后，前臂随惯性往体前收。在回位过程中将球拍回收至胸前，基本随前动作同正手击高远球。

3. 腾空突击杀球(见图 3-22)

动作要领：

(1)准备动作：右脚稍前，左脚稍后，身体稍前倾，屈膝，身体重心在右脚，准备起跳。

图 3-22 腾空突击杀球

(2)引拍动作：起跳后，身体向右后方腾起，上体右后仰成反弓形，右臂右上抬起，右肩后拉。

(3)击球动作：移动到位击球时，屈膝下降重心，侧身起跳，前臂全速往上摆起,手腕从后伸经前臂内旋至屈收,同时握紧球拍压腕产生爆发力,高速向前下击球。

(4)随前动作:突击扣杀后,右脚在右侧着地屈膝缓冲,重心在右脚前;右脚在左侧前着地,利用左脚蹬地向中心位置回动,手臂随惯性自然往体前回收,迅速还原。

4.头顶扣杀(直线,见图3-23)

动作要领:

(1)准备动作:同头顶击高远球。

(2)引拍动作:同头顶击高远球。

(3)击球动作:击球时,要靠腰腹带动大臂,协调小臂、手腕的综合力量形成鞭击动作,全力往下方击球,拍面与水平面夹角小于90°。

(4)随前动作:同头顶击高远球

头顶扣杀对角线的动作方法基本同上,只是击球时要全力向对角线方向击球才行。重杀时要全力扣压;轻杀时用力介于重杀和劈吊之间;长杀是将球杀向对方场区底线附近;深杀落点在中场附近。

图3-23 头顶扣杀球

5.反手杀球(见图3-24)

动作要领:

(1)准备动作:同反手击高球。

(2)引拍动作:反手握拍,右前臂往右胸前上举,带动拍子往上举,接着右前臂往右胸前收,右肩有些内收,带动前臂往右摆的同时也带动拍子往左肩上摆,紧接着右肘由内收突然上指,右上臂很快往右肩前上摆起,带动前臂和球拍往左下摆动。

(3)击球动作:击球时,前臂开始向上挥动,手腕充分外展带有内旋,拍子从左前下摆到右前下。以左脚的蹬力和腰腹力、肩力以及上臂力带动前臂全速往后上方挥动,此刻握紧拍子,快速闪腕(外旋和后伸),挥拍杀球。击球托的后部,使球直线向下飞行。

（4）随前动作：击球后，前臂内旋，使球拍回收到体前。

图 3-24 反手杀球

（四）前场网上击球技术

网前球技术在羽毛球对抗中是非常重要的一个技术环节。网上击球是调动对方、寻找战机的重要手段，并可直接得分。因球飞行距离较短，落地快，常使对手措手不及而直接得分。即使不能直接得分，也能迫使对方被动回球，创造下一拍的机会。所以在学习网上击球时，除了要注意动作规范之外，还应细心体会击球时手腕、手指的细小感觉。

前场网上击球技术包括网前的放、搓、推、勾、扑、挑球等。其中搓、推、勾、扑属进攻技术，要求击球前期动作有一致性，击球刹那间产生突变；握拍要活，动作细腻，手腕、手指要灵巧，以控制好球的落点。

1. 放网前球

网前放小球，是将网前区域内低手位置且离球网又有一定距离的球轻击，使球擦网而过，并落至对方网前区域。此技术落点较近网，能适应各种位置的回击，如远网球、被动球均可采用，目的是调动对方，为我方创造有利的进攻形势。

（1）正手放网前球动作要领（见图 3-25）。

1）准备动作：两脚左右开立，右脚在前，左脚在后，两脚间距比肩略宽，右手握拍，置于体前，身体稍向前倾，收腹。

2）引拍动作：侧对来球方向，球拍随着前臂向右前上方斜举，前臂并有外旋、手腕稍后伸动作，左臂自然后伸（起平衡作用），最后一步右脚向来球方向跨出成弓箭步，上体前倾重心在右脚。

3）击球动作：击球时，前臂稍外旋，手腕由后伸至稍内收闪动，握拍手的食指和拇指夹住球拍，中指、无名指、小指轻握拍柄，使球拍在手腕和手指的挥摆用力下，轻击球托把球轻送过网。

4）随前动作：右脚掌迅速蹬地向中心位置回动，同时击球手臂收回至胸前，呈正手放松握拍姿势，身体还原准备姿势，准备回击下个来球。

注意要点:挥拍的力量、速度和拍面角度的大小,主要取决于来球离网的远近和速度的快慢,来球离网远,速度快些,则放球时的力量要大些,反之则力量小些。

图 3-25　正手放网前球

(2)反手放网前球动作要领(见图 3-26)。

1)准备动作:两脚左右开立,右脚在前,左脚在后,两脚间距比肩略宽,右手握拍,置于体前,身体稍向前倾,收腹。

2)引拍动作:随步法移动将握拍调整为反手握拍,前臂伸向前上方,手腕前屈,拍面低于网顶,用反拍面迎球。

3)击球动作:击球时,主要靠拇指、食指的力量,轻轻地向前上方抖动手腕发力,碰击球托后底部,使球过网后垂直下落。

4)随前动作:击球后,动作还原成下次击球的准备姿势。

图 3-26　反手放网前球

2.网前搓球

搓球击球法是从离网顶 30cm 左右或者更高处,利用手指、手腕力量,使球拍搓切球托的左侧、右侧或者底部,使球向右侧或左侧旋转与翻滚过网。

(1)正手网前搓球动作要领(见图 3-27)。

1) 准备动作:两脚左右开立,右脚在前,左脚在后,两脚间距比肩略宽,右手握拍,置于体前,身体稍向前倾,收腹。当右脚向前蹬跨时,持拍手向来球方向伸出,争取高的击球点。左手向后伸以保持身体平衡,呈击球前的准备姿势。

2)引拍动作:引拍的同时,侧身对网,重心在右脚,伸臂举拍时微屈肘,前臂外旋做半弧形引拍动作。

3)击球动作:当球拍举至最高点时,以肘关节为轴,前臂外旋,手腕稍后伸且由展腕至收腕"抖动",搓切球的右下底部,使球翻转过网。左臂自然后伸,起平衡作用。

4)击球后动作:击球后,手腕有一定的制动动作。右脚落地后,立即蹬地向中心位置回动,同时击球手臂回收至胸前,准备击下一个来球。

注意要点:旋转翻滚性能越强,对方回击的难度就越大,根据球离网的远近,运用手指灵活控制好击球的角度和力量。

图3-27 正手网前搓球

(2)反手网前搓球动作要领(见图3-28)。

1)准备动作:同反手放网前球。

2)引拍动作:反手握拍,运用反手上网步法向来球方向移动,击球前伸拍同时前臂内旋做半弧形引拍动作,手腕前屈,手背约与网同高,而拍面低于网顶,反拍面迎球。

图3-28 反手网前搓球

3)击球动作:搓球时,主要靠前臂的前伸外旋和手腕由内收至外展的合力,搓击球托的右侧后底部,拍面应有一定的斜度,使球侧旋滚动过网。

4)随前动作:击球后,右脚迅速后退,同时击球手臂回收至胸前,还原成准备姿势,准备击下一个来球。

注意要点:第一,接球时掌握来球的高点,过网质量高;第二,要用指劲,特别是大拇指,在接球时(反手)大拇指要向上搓球柄;第三,根据对方站位或者重心,调整搓球的方向、远近。第四,在搓网前球到对方反手时,还要用小臂和手腕的力量,一定要注意加力和卸力的运用;第五,适当运用假动作的使用,迷惑对手;第六,过网切记不要过高,以免被对手上网扑球。

3. 网前勾对角线球

网前勾对角线球是将对方击到自己前场区域位置的球还击到与自己成对角线位置的对方网前区域内的击球技术。它可以从自己右前场区域位置将球勾到对方右前场区域位置,也可以从自己左前场区域位置将球勾到对方左前场区域位置。

(1)正手网前勾对角线动作要领(见图3-29)。

1)准备动作:同正手搓球准备动作,右脚在前、左脚在后,两脚间距略比肩宽,右手握拍,自然将球拍举在胸前,身体向前微微倾斜,前臂随步法移动过程伸向前上方,并有外旋、稍向后伸手腕动作。

2)引拍动作:在步法移动的同时,球拍随着前臂往右前上方举起。前臂前伸的同时,稍有外旋,手腕微后伸,拍柄稍向外捻动,使拇指贴在拍柄的宽面上,食指的第二关节贴在与其相对的另一个宽面上,拍柄不触及掌心。以并步加蹬跨步上右网前。

3)击球动作:击球瞬间,前臂稍有内旋,并向左拉收,手腕由后伸至内收闪腕挥拍拨击球托的右侧下部,使球沿网的对角线网前方向飞行。

4)随前动作:击球后右脚迅速蹬地向中心位置回动,手腕要控制拍面的角度,还原到击球前的准备姿势。

注意要点:步法多采用并步加蹬跨步的上网步伐组合,击球力量不宜过大,并根据不同的来球位置,调整好击球的拍面角度。

图3-29 正手网前勾对角线球

(2)反手网前勾对角线动作要领(见图3-30)。

1)准备动作:侧身,反手握拍于身体左边,右脚在前,屈膝,前脚掌着地。基本同正手网前勾对角线球。

2)引拍动作:右脚向反手位来球方向跨出一步,选用反手握拍法,前臂向前上方伸,斜对球网。手腕前屈,手背约与球网同高,拍面低于网顶,用反手拍面迎球。

3)击球动作:击球时,肘关节迅速下沉,此刻前臂稍外旋,手腕由稍屈至上伸,闪腕,拇指内侧和中指把拍柄拉向右侧,其他三指握紧拍柄,勾击球托的左边面,使球沿网对角线方向击去。

4)击球后右脚迅速蹬地向中心位置回动,还原到击球前的准备姿势。

注意要点:采用反手握拍法,上臂外旋带动手腕伸腕发力,向网前对角的斜前方切击球托的左后侧部位,击球力量的大小、击球位置的高低和击球角度的调整均与正手网前勾对角线相同。

图 3-30　反手网前勾对角线球

4. 网前推球

推球是把对方击来的网前球推击到对方的后场两底角去的一种网前小球技术。球飞行的弧线较低平,速度较快,能给对方造成回击的困难。推球的击球点高,动作小,发力距离短,速度快,且落点变化多,是前场击球技术中进攻底线的一种很有威力的球,在单、双打中都较常用。网前推球有正手、反手两种击球方法。每种击球方法都可推击出直线、斜线不同路线的球。推球运用得当,使对方陷入被动,找准机会进行进攻。

(1)正手网前推球(直线、对角线)动作要领(见图 3-31)。

1)准备动作:同正手网前搓球。

2)引拍动作:准备姿势站立,向来球方向蹬跨,同时球拍向右侧来球方向前上举。肘关节微屈回收时,小臂稍外旋,手腕稍后伸,球拍也随着往右稍下后摆,拍面正对来球。

3)击球动作:小指和无名指稍松开,使拍柄稍离开手掌鱼际肌。前臂外旋,拇指和食指稍向外捻动拍柄,拍面更为后仰。手腕由后伸直闪腕,食指向前压,同时小指无名指握紧拍柄,拍子急速由右侧经前上至左侧挥动,推击球托右斜侧面或右侧后部,使球沿边线或使球沿对角线方向击向对方后场底角边缘。

4)随前动作:击球后还原到击球前的准备姿势。

注意要点：控制好拍面并且击球点要高；拍子的引拍幅度要小，发力快、短；推球路线由击球时机决定。

图3-31　正手网前推球

（2）反手网前推球（直线或对角线）动作要领（见图3-32）。

1）准备动作：侧身面对反手网前。反手握拍举于身体左侧上方，右肩正对网，右脚在前，屈膝前脚掌着地，前臂左前上方伸举。

2）引拍动作：准备姿势站立，向左侧来球方向蹬跨，同时球拍向左侧来球方向前上举。肘关节微屈回收时，小臂稍外旋，手腕稍后伸，球拍也随着往右稍下后摆，拍面正对来球。

3）击球动作：在左侧网前较高的击球点上，用反手握拍法，前臂伸时稍外旋，手腕由外展至伸直闪腕，中指、无名指和小指握紧拍柄，拇指顶压球拍，往前挥拍，推击球托的左侧面。使球沿直线或对角线方向飞行。

4）击球后，手臂回收，迅速恢复击球前准备姿势。

注意要点：手腕控制拍面角度，闪腕时手臂不要完全伸直。

图3-32　反手网前推球

5. 扑球

扑球在网前进攻技术中是威胁较大的一种技术。扑球是当来球在网顶上方时，能以最快的速度上网扑压来球的技术动作。扑球可分为正手扑球和反手扑球两种,其路线有直线,对角线和补随身球三种。

(1)正手网前扑球动作要领(见图3-33)。

1)准备动作:半蹲,降低重心,球拍置于胸前,做好上网的准备。

2)引拍动作:引拍和挥拍在网前扑球动作上几乎可以忽略,判断准确后伸手直接往来球的方向伸手,然后运用手腕和手指的力量击球。

3)击球动作:快速移动上网,左脚蹬地,跨出右脚向前迎(也可以双脚蹬地蹬跨出右脚),身体腾空跃起,小臂往前上伸,稍微外旋,手腕后伸,随着手臂由曲到伸,手腕由后伸至向前闪动和手指下压,击中高点将球扑下。

4)随前动作:扑球后,球拍随手臂向右侧回收,控制身体重心,恢复准备姿势。

注意要点:举拍过慢会扑不到球或者下网。网前扑球最关键在于预见性,能否做出准确判断是扑球的前提。扑球后,控制身体重心,避免身体触网。击球时,其中手腕是控制力量的关键。如果球离网顶较近,就采用"滑动式"扑球方式,用手腕从右向左将球摸压下去,这样可以避免球拍触网犯规。扑球后,注意腿上的缓冲,控制重心,以免身体触网。球拍随手臂往右侧前下回收。

图3-33 正手网前扑球

(2)反手网前扑球动作要领(见图3-34)。

图3-34 反手网前扑球

1)准备动作:反手握拍,持于左侧前。

2)引拍动作:当身体跃起或蹬跨上网时,球拍随前臂前伸而举起,手腕微屈,拇指顶压在拍柄宽面上,其他四指自然并拢,拍面正对来球。

3)击球动作:击球时,手臂伸直,手腕由外展至内收闪动,手指握紧拍柄,拇指顶压,加速握拍扑击。

4)随前动作:击球后马上屈肘,手腕由内收到外展,拍子放松自然收至体前。

(五)中场击球技术

中场击球技术主要是对付对方击来的弧线平于或稍低于网的球,它的击球点在与肩同高处或在肩腰之间,且落点在中场附近的低平球时所采取的回击技术。中场击球技术包括挡网前球技术、挑高球技术、抽球技术、快打技术。平抽球技术在单打中不是很常见,但在双打中非常多。掌握中场击球技术之平抽球往往在中半场就能掌握比赛的主动性。

1. 挡网前球技术

(1)正手挡网前球(直线或对角线)动作要领(见图3-35)。

1)准备动作:两脚平行站立,屈膝,身体右倾,手臂右伸,前臂外旋、手腕外展。目视前方来球方向。

2)引拍动作:身体重心移向右脚,右臂向右侧伸出,放松握拍,拍面微后仰对准来球。

3)击球动作:前臂内旋稍翻腕带动球拍由右下向前上方推送击球,把球挡向直线网前。可以在击球时前臂由外旋到内收,带动球拍由右向前切送挡直线网前。

4)随前动作:击球后,身体左转成正面对网,然后右脚上前一步,球拍随身体向左转收至体前。

注意要点:正手挡对角线网前球的准备姿势和挡直线相同,挥拍击球时,在肘关节屈收的同时小臂要稍旋内,手腕由后伸到内收闪动,击球托的右侧。击球点在右侧前,手腕、手指控制拍面角度,使球向对角线网前坠落。

图3-35 正手挡网前球

(2)反手挡网前球(直线或对对角线)动作要领(见图3-36)

1)准备动作:首先用接杀球的步法移至左场区边线,身体左转前倾,右肩对网,右肘弯曲,手腕外展,引拍至左肩前上方。

2)引拍动作:身体重心移向右脚,右臂向左侧伸出,放松握拍,拍面微后仰对准来球。

3)击球动作:击球时,借对方来球的冲力,以前臂带动球拍由左上方向左前方用拇指的顶力挥拍轻击球托,把球挡回直线或对角线网前。

4)随前动作:击球后,身体右转成正面对网,球拍随着身体的移动收至体前。

注意要点:反手挡勾对角线网前球同反手挡直线网前球有相同的动作方法,只是击球时,手腕由外展到后伸闪动挥拍,要击打球托的左侧下部,使球向对角线网前坠落。

图3-36 反手挡网前球

2.中场平抽球

平抽球是指击球点在肩以下部位,以较平的飞行弧线,较快的球速,接近球网的高度,还击到对方场区的一种进攻性技术。在单打中不是很常见,但在双打中平抽球非常常见,掌握好平抽球往往在中半场就能掌握比赛的主动性。

(1)正手平抽球动作要领(见图3-37)。

1)准备动作:两脚与肩同宽,双脚自然分开,两膝微屈,右脚前出半个脚掌,脚掌触地。左右自然保持平衡,右手持拍抬举于肩上。

2)引拍动作:引拍主要靠前臂挥动,以肩为轴,大臂带动前臂后倒,经外旋回环带动手腕伸展引拍。

3)击球动作:击球时前臂迅速向前内旋,肘关节向后摆动带动手腕屈收发力,主要是用前臂与手腕的力量向前推压击球,击球时加大前臂与手腕力度,击球后前臂与手腕要迅速制动,迅速回拍,接着举拍衔接第二拍。

4)随前动作:击球后,球拍顺势盖过去向左边摆,左脚往左前跟进一步,右脚跟一步回中心位置,准备迎击第二次来球。

注意要点:握拍上要前移抓住拍柄的前端,容易快速的挥拍。第一拍抽球后快速举拍，惯性不能太大，球拍不能放在下面。

图3-37 正手平抽球

(2)反手平抽球动作要领

右脚向左前跨一步，身体左转、右前臂往身前收。肘部稍上抬，前臂内旋，手腕外展，球拍引到向左侧，击球时，在髋的右转带动下，前臂外旋，手腕由外展到伸直闪动，挥拍球托的底部。击球后，球拍随身体回动而回收。

注意要点：反手的平抽反手握拍，同样握拍尽量靠前，前臂外旋带动手腕引拍，击球时前臂外旋带动手腕发力，同时充分发挥大拇指的顶力，击球后主要靠前臂制动回拍。

3.半蹲式中场平击球(见图3-38)

半蹲式中场平击球主要运用在双打比赛中，采用半蹲击球势，将大约在肩部高度且较平快的球，以与网齐平的高度迅速平抽快挡过去的球称为半蹲式中场平击球。这是进行对攻的一种击球技术。这种技术是将对方击来的位于肩部或面部附近的球，在半蹲姿势下还击回去。

图3-38 半蹲式中场平击球

动作要领：

(1)准备动作：两脚与肩同宽自然分开，脚掌触地，脚跟提起，半蹲准备姿势站立。

(2)引拍动作:右手持拍举于肩上或置于胸前,两眼注视来球方向。以肩为轴,前臂向后经外旋回环带动手腕伸展引拍。

(3)击球动作:击球时,看准来球,迅速取半蹲姿势,同时举拍在正面或头顶等位置以前臂带动手腕快速闪动挥拍击球。

(4)随前动作:击球后惯性动作小,应迅速收拍,做好回击下个球的准备。

注意要点:半蹲式中场平击球主要运用在双打比赛中,这是一种进行对攻的击球技术,这种技术是将对方击来的位于肩部或面部附近的球,在半蹲姿势下还击回去,击球时,看准来球,迅速做半蹲姿势,同时举拍在正面或头顶等位置以前臂带动手腕快速闪动挥拍击球。

4.中场下手击球

下手击球一般是在防守时所采用的击球技术。它虽然不像上手击球那样具有进攻性威胁,但如运用得当,往往也能起到守中有攻的效用。

(1)正手下手抽球动作要领(见图3-39)。

1)准备动作:右场区中部,两脚平行开立稍宽于肩,重心在两脚间,微屈膝收腹,正手握拍举于右肩前。

2)引拍动作:击球前肘关节前摆,前臂稍往后带外旋,手腕稍外展至后伸,引拍至体后。

3)击球动作:击球时前臂内旋,手腕伸直闪动,手指抓紧拍柄,球拍由右后往右前方高速平扫盖击来球。

4)随前动作:击球后手臂左摆,迅速收拍,做好回击下个球的准备。

图3-39 正手下手抽球

(2)反手下手抽球动作要领(见图3-40)。

1)准备动作:右脚前交叉在左侧前,右手反手握拍在左侧前。

2)引拍动作:击球前肘部稍上抬,前臂内旋,手腕外展,引拍至左侧。

3)击球动作:击球时,在髋关节右转带动下,前臂外旋,手腕由外展到伸直闪动,挥拍击球托的底部。

4)随前动作:击球后,球拍随身体的回动收回到右侧前。

图 3-40 反手下手抽球

5.挑球

挑球主要是把对方击来的吊球或网前球挑高回击到对方后场去,为自己在较被动的情况下争取时间,赢得反击的机会,多用于对方的吊球、搓球等。这是在比较被动的情况下采取的一种防守性技术。

(1)正手网前挑高球动作要领(见图 3-41)。

1)准备动作:正手握拍举在胸前,右脚向来球方向蹬跨,左脚在后,侧身向前,重心在右脚上。

2)引拍动作:右臂向后摆,自然伸腕,使球拍后引。击球前前臂充分外旋,手腕尽量后伸。

3)击球动作:击球时,持拍臂以肘关节为轴,屈臂内旋,握紧球拍,从右下向右前方至左上方闪腕挥拍,将球向前上方击出。

4)随前动作:击球完毕,收拍复位,调整重心,为下一次击球做准备。

图 3-41 正手网前挑球

(2)反手网前挑高球动作要领(见图 3-42)。

1)准备动作:采用反手握拍法,右脚向左前方来球方向蹬跨,左腿随前提拉,重心在右腿,脚尖膝盖外展。

2)引拍动作:在击球前,曲肘曲腕,向左侧肩膀处引拍,然后上臂带动小臂和手腕发力,拍头在左肩膀处,手肘向前抬起。

3)击球动作:击球时主要利用前臂旋外、伸腕和拇指顶压拍柄的力量,在身体左侧前下方,向左前至右上方挥拍击球托底部,将球向前上方击出。

4)随前动作:击球后,右脚稍内扣蹬地回收,球拍收回至胸前还原成准备姿势。

注意要点:将拍头向左侧肩膀处引,是一个"收紧"的过程,肘关节向前抬起,然后引拍画弧线击球,是一个"展开"的过程,在挥拍过程的最后一段距离开始发力,然后击球。挑球过程中,只是被动的回球,则向底线挑,压对手的底线,有机会能转被动为主动。挑球技术很成熟,则可以通过挑球的路线轨迹来调动对手位置,打乱其节奏,为自己争取主动。

图 3-42　反手网前挑球

第六节　步法技术

羽毛球步法指在本方场地上,为了能够短时间内迎接对方的来球,进行快速、合理并又有一定规律的上网、后退和两侧移动的方法。步法是一项很重要的基本技术,它和手法相辅相成,不可分割。"三分手法,七分步法",没有正确的步法,必然会影响各种击球技术的完成。而在比赛中步法不到位,手法就会失去其尖锐性与威胁性,所以学习和掌握熟练的、快速而准确的步法是提高羽毛球运动水平的重要环节。

一、基本步法组成

羽毛球基本步法是由并步、垫步、交叉步、蹬跨步、跳步等组成的在场上移动的方法。每一组步法一般都是从场地中心位置开始。

(一)并步

右脚向前(或向后)移动一步时,左脚即刻向右脚跟并一步,紧接着右脚再向前(向后)移动一步,称为并步(见图3-43)。

动作方法:离击球点方向远侧的一个脚,向前一个脚垫一小步,同时前脚在其尚未落地时,又马上向前跨出的一种移动方法。这种步法较多地运用在上网、接杀球和正手后退突击扣杀。

练习方法及应用:侧身并步移动,侧身并步跳。一般多用在上网、接杀球和正手后退突击扣杀时。

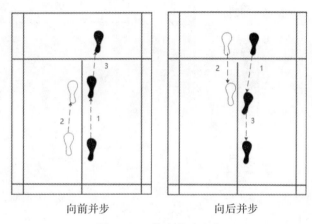

向前并步　　　　　向后并步

图3-43　并步基础步法

(二)交叉步

左右脚交替向前、向后或向侧移动称交叉步。

1.后交叉

一脚经另一脚的后跟并超越,称后交叉步(见图3-44)。

动作方法:接发球准备姿势站位,判断来球方位,来球后场方向,向右转体,身体重心调至右脚。左脚从体后交叉移至右脚外侧然后右脚迅速向后再移动一步,当右脚着地时,迅速向上蹬,使击球点增高,同时左脚向身后伸出,挥拍击球,当击球完成时,左脚以前脚掌先着地,然后右脚着地。左脚着地时要缓冲、制动、回蹬,这几个动作要整体连贯,一气呵成,使身体迅速返回球场中心。

练习方法及应用:侧身交叉步移动,"之字形"后交叉步练习。种步法的特点是移动范围大,回击端线附近的球多用这种步法。

2.前交叉

一脚经另一脚的前面并超越,称前交叉步(见图3-45)。

动作方法:接发球准备姿势站位,判断来球方位,来球前场方向,身体重心调至右腿,左脚从体前交叉移至右脚外侧然后右脚迅速向右前方接蹬跨步,举拍网前击球,击球完毕迅速回中。

练习方法及应用:侧身交叉步移动,"之字形"前交叉步重复多次练习,多用在网前上网步法中。

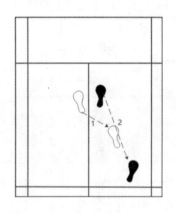 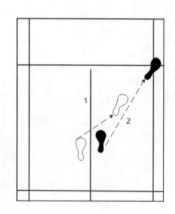

图3-44 后交叉基础步法　　图3-45 前交叉基础步法

(三)垫步

在移动到最后一步,与击球点尚有较短的一段距离时,用另一脚再加一小步的移动方法(见图3-46)。

动作方法:来球落至网前,左脚(右脚)向来球方向迈出一步,同时身体重心调至左脚(右脚),紧接着左脚(右脚)跟上并发力蹬地,使左脚(右脚)向前迈出一大步。垫步动作急促、幅度小、富有爆发力。是从静止到运动的起动步。是高低重心转换的过渡环节,在攻防之间起到转换步的作用。

练习方法及应用:前进"之字形"垫步和后退"之字形"垫步重复多次练习。垫步一般作为调整步,后多紧跟蹬跨步或跨步,和并步可交替应用。用在网前上网步法、后场后退步法以及中场步法组合练习的衔接。

(四)蹬跨步

在移动的最后一步,左脚用力向后蹬的同时,右脚向来球的方向跨出一大步,称为蹬跨步(见图3-47)。

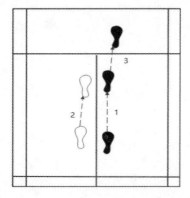 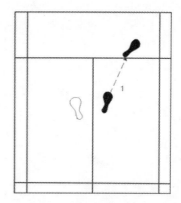

图 3-46 垫步基础步法　　　　图 3-47 蹬跨步基础步法

动作方法：接发球准备姿势站位，判断来球方位，右脚向来球的方向跨出一大步，脚跟落地，脚尖膝关节稍外展，身体重心落至右腿，上体前倾不可越过膝关节，左脚随右脚向前提拉，如果球落点距离身体远，中间可加垫步或交叉步调整。

练习方法及应用：左右摸边，跨步跳，大步走（向前迈一大步，前脚膝关节呈90°，向下压两下后，换脚继续向前走）。多用于上网击球，在后场底线两角移动抽球等。

（五）蹬转步

以一脚为轴，另一脚作向后或向前蹬转步（见图3-48）。

动作方法：接发球准备姿势站位，判断来球方位，以一脚为轴心，另一脚根据来球方向向前或向后蹬转。

练习方法及应用：听口令变向跑，短距离来回跑，可以在整个羽毛球场上练习。

（六）腾跳步

起跳腾空击球的步法为腾跳步（见图3-49）。

动作方法：接发球准备姿势站位，判断来球方位，而且判断要重复打网前球时，利用单脚蹬地，身体前倾，迅速跳向前，抢高点回击。上体前倾，重心放在持拍手同侧腿上，另一侧腿保持身体平衡。击球后，持拍手同侧脚着地并制动，另一侧脚也跟着着地，维持身体平衡。

练习方法及应用：并步跳，向前腾空跳（向前腾空时，前脚膝关节呈90°），然后继续并步加原地连续腾空跳。用于前场网前正反手扑球。

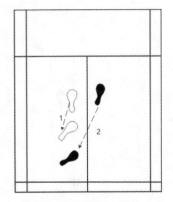 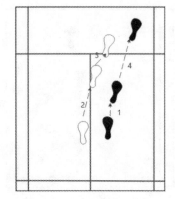

图 3-48 蹬转步基础步法　　图 3-49 腾跳步基础步法

腾跳步的三种形式:

由持拍手的同侧脚起跳,另一脚向后摆动。空中动作后起跳脚落地。后摆脚摆幅的大小是根据需要而定。起跳脚的落地由前脚掌内侧先落地。脚内侧脚掌再依次落地。着地点在身体重心的后面。

异侧脚起跳再由它先落地。起跳落地点在身体重心的外侧。侧向,侧后向起跳身体重心向场内倾斜,有利回动动作。双脚起跳、双脚落地。

以上常用于后场起跳的正手突击,后场起跳的头顶杀球,后场起跳的头顶突击。

二、步法分类及其组合

根据场上的位置与球的距离,羽毛球步法可以分为上网步法、退后场步法、中场两侧移动步法。实践中,可采用一步到位击球或二步、三步移动到位击球。右手握拍者,到位击球时的最后一步一般都是右脚在前,而左脚总是靠近中心位置,以下逐项阐述。

(一)上网步法

上网步法是指从场地中央位置向网前来球方向移动的步法,主要完成上网搓球、推球、勾球、扑球及挑球的步法,它包括跨步上网、垫步加蹬步上网、前交叉加蹬跨步上网、蹬跳步上网。

不论采用哪种步法上网击球,其上网前的站位及准备姿势基本都是相同的,为了便于启动,站位不可过于牢稳,两脚站立约同肩宽,一般右脚在前左脚稍后,两膝稍有屈曲,两脚前脚掌着地,后脚跟稍有提起。上体稍前倾,握拍于体前,全神贯注,注视对方来球。

1.跨步上网步法

(1)一步跨步上网步法起动时后左脚用力蹬地,身体重心移向右侧,右脚向来球方向跨出一步击球(见图3-50)。

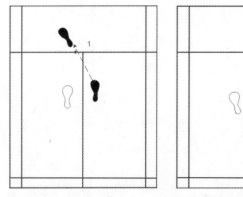

图3-50 一步蹬跨上网组合步法

(2)二步跨步上网步法:左脚先向来球方向跨出一步,后右脚向前跨出一大步到位击球(见图3-51)。

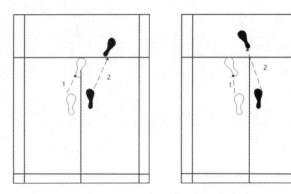

图3-51 二步蹬跨上网组合步法

(3)三步跨步上网步法:右脚先向来球方向跨出一小步,接着左脚向前跨出第二步,最后,右脚跨出一大步到位击球(见图3-52)。

2.垫步加蹬跨步上网步法(见图3-53)

右脚先向来球方向迈出一步,紧接着脚垫一小步,同时右脚抬起,利用左脚的蹬力蹬跨出一大步,到位击球。

3.前、后交叉步加蹬跨步上网步法(见图3-54、图3-55)

右脚先向前迈出一小侧步,紧接着右脚抬起,利用左脚的蹬力蹬跨出一大步,到位击球。

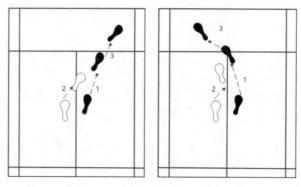

图 3-52 三步蹬跨上网组合步法

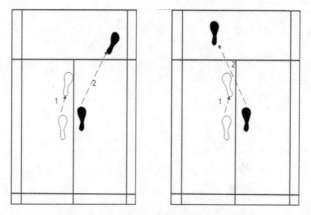

图 3-53 垫步加蹬跨步上网组合步法

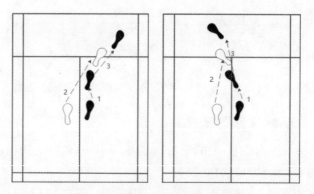

图 3-54 前交叉步上网组合步法

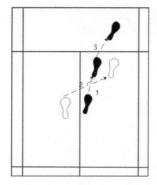
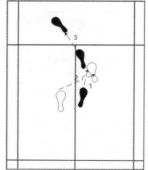

图 3-55　后交叉步上网组合步法

4.蹬跳步上网步法(见图 3-56)

站位稍靠前,判断对方要重复打网前球时,双脚蹬地,迅速跳向网前,采用扑球技术击球。要注意防止因前冲力过大而触网或过中线犯规。

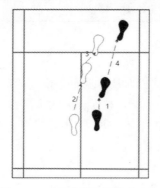

图 3-56　蹬跳步上网组合步法

注意事项:
(1)上网步法要注意前冲力不要太大,避免身体失去平衡。
(2)到位击球时,前脚脚尖和膝盖应朝边线方向,稍微外展,有利于借前冲力向前滑步。
(3)击球后,应尽快采用后退跨步、垫步、或交叉步退回中心位置。
(4)放网前球、挑球一般采用低重心姿势,搓球、推球、勾对角球等网前球一般身体重心较高,扑球一般向上方蹬跳。
(5)完成跨步和制动后,回动时身体重心适当放在右腿上,左腿向右腿稍微跟进分担右腿承受的身体重量,协助维持身体重心的稳定,迅速回中。

上网进攻步伐的组合练习见表 3-1。

表 3-1　上网进攻步伐的组合练习

步法组合	实用范例
垫步＋跳步	网前扑球
垫步＋蹬跳步	网前扑球、拨球
垫步＋跨步	网前搓推勾
并步＋蹬步＋跨步	头顶杀球、上网搓

上网防守步伐组合练习见表 3-2。

表 3-2　上网防守步伐组合练习

步法组合	实用范例
垫步＋跨步	上网打低手位球
并步＋跨步	自后场回中心接吊球
并步＋垫步＋跨步	自后场打完高球、上网接低球

(二)后退步法

后退步法是指根据来球方向从球场中心位置后退到底线边缘的步法。后场后退步法是羽毛球步法中最常用、难度较大的步法。主要完成后退回击高球、吊球、杀球、后场抽球。包括正手后退步法、头顶后退步法、反手后退步法、正手后退并步加跳步、头顶侧身加跳步。

1. 正手后退步法

正手后退步法有并步和交叉步两种。实战中可根据场上情况和个人特点灵活使用。

(1) 并步后退步法(见图 3-57)：右脚向右后侧身退一步，并带动髋部右后转，接着左脚用并步靠近右脚，右脚再向后转至到位，左脚跟进一小步，成为左脚在前右脚在后，侧身对网，为击球准备动作。

(2) 交叉步后退步法：右脚向右后侧身退一步，并带动髋部右后转，接着左脚从右脚后交叉后退一步，成为左脚在前右脚在后、侧身对网的击球准备动作(见图 3-58)。

(3) 并步加跳步后退步法：与并步后退步法的第一二步后退步法相同，第三步采用侧身双脚起跳各侧后到位击球，后双脚落地(见图 3-59)。

图 3-57　并步后退组合步法　　图 3-58　交叉步后退组合步法

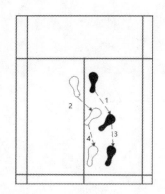

图 3-59　并步加跳步后退步法

2. 头顶后退步法

头顶后退步法是对方来球向左后场区，用头顶击球技术还击时所采用的后退步法。头顶后退步法也可用并步或交叉步移动后退。

(1) 头顶并步后退步法：髋关节及上体快速向右后方转动的同时，右脚向后退一步，接着左脚用并步靠近右脚，右脚再向后移至到位，左脚跟进一小步，成为左脚在前右脚在后、侧身对网的击球准备动作(见图 3-60)。

(2) 头顶交叉步后退步法：髋关节及上体在快速向右后方转动的同时右脚向后退一步，接着左脚从右脚后交叉后退一步，右脚再向后移至到位，左脚跟进一小步，成为左脚在前右脚在后、侧身对网的击球准备动作(见图 3-61)。

(3) 头顶侧身步加跳步后退步法：这是一种快速突击抢攻打法的后退步法。髋关节及上体在快速向右后方转动的同时右脚向后退一步，紧接着右脚向后方蹬地跳起，上身后仰，角度较大，并在凌空中完成击球动作，此时，左脚在空中做一个交叉动作后先落地,上体收腹使右脚着地时重心落在右脚上,便于左脚迅速回动(见图 3-62)。

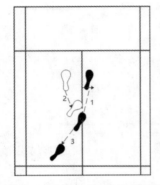

图 3-60　头顶并步后退组合步法

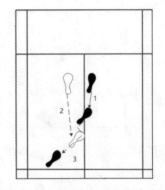

图 3-61　头顶交叉后退组合步法

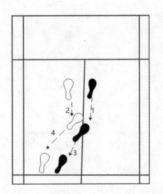

图 3-62　头顶侧身跳步后退组合步法

后退步法进攻组合练习见表 3-3。

表 3-3　后退步法进攻组合练习

步法组合	实用范例
垫步＋跳步	自中心部位头顶杀球
垫步＋跨步	自中心部位跨步正手杀球
并步＋跳步	正手突击杀球
垫步＋并步＋跳步	正手突击平高球
垫步＋跨步＋跳步	用交叉步打正手高、吊杀球

后退步法防守练习见表3-4。

表3-4 后退步法防守

步法组合	实用范例
垫步＋跨步	正手转身打低手位后场球
垫步＋转身跨步	正手接杀;反手接杀;反手后场高、吊、杀

注意事项:首先上体和髋部侧转要快,右脚变成后退至左脚的后方横侧位,这是第一个环节。其次蹬跳方向应向左后方跳起,使上体向后仰,同时左脚在空中做交叉后撤的动作要大。

三、中场左右两侧移动步法

左右两侧移动步法主要是还击中场球(包括上手击球和下手击球)时所使用的步法。左右移动大致有两种方法:一是向左移动;二是向右移动。

1. 向右移动的步法

(1)跨步。当来球距身体较近时,可采用这种方法。其动作要领为:当来球在右侧距身体较近时,两脚向上轻跳,将重心调至左脚,左脚用力蹬地,使右脚向来球方向跨出一大步,右脚着地时右腿成弓箭步,身体前倾,前倾幅度大小要根据来球高度而定(见图3-63)。

(2)垫步。当来球距身体较远时,采用这种步法移动,其动作要领是:两脚轻跳使重心落在右脚,左脚向右脚并一步,左脚一着地就用力向右蹬,使右脚迅速向右跨出一大步,右脚着地后腿成弓箭步,身体前倾,出手击球(见图3-64)。

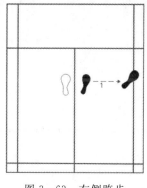

图3-63 右侧跨步

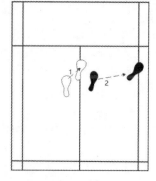

图3-64 右侧垫步

2. 向左移动的步法

(1)身体正对球网移动的步法(见图3-65)。这种移动法无论是用正手击球,还是用反手击球都可以采用。脚下移动可采用如前所述的向右横动的跨步或垫步。

(2)身体背对球网移动的步法(见图3-66)。这种步法只适用于反手击球,身体背对球网的移动方法。反手击球的移动方法是这样的:当判断来球在左侧,并决定用反手技术击球时,两脚轻跳,将重心移至右脚,右脚用力蹬地,身体左转,同时右脚向左侧移动一大步,形成背对球网,用反手击球。击球时,要根据来球的高度确定身体的姿势。

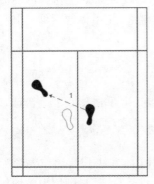 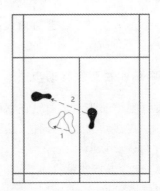

图3-65　左侧对网移动步法　　　图3-66　左侧背网移动步法

表3-5　两侧移动步法组合

步法组合	实用范例
跨步(小步或大步)	近身抽、接杀
蹬步＋跨步	远身接杀、转身蹬跨接反手球
垫步＋蹬步＋跨步	靠边接杀

注意事项:在运用起跳腾空突击步法时应注意击球后落地时,要控制好身体平衡,并立即回到中心位置。

第四章 羽毛球基本战术

第一节 羽毛球运动战术概论

一、羽毛球运动战术诠释

(一)战术定义

运动员在比赛中根据自己和对手的实际情况和特点,选择合适的方法扬长避短,以达到战胜对手为目而采用的技术手段和方法。

(二)决定羽毛球战术的基本因素

1. 技术

技术是战术的基础,两者相互依存相互促进,技术的发展提高必然产生新的战术,而战术的全面实施又必须要有高技术水平的支撑。在羽毛球比赛中,进攻和防守、主动与被动等各种情况时常会在极短时间内交替出现并且相互转换。因此,技术训练中,一定要时刻带有战术意识,技战术相结合,以适应比赛的要求。羽毛球运动技术主要表现在手法和步法上,手法一致性好、灵活;步法灵活轻盈的运动员技术全面,手法好的运动员一般会采用拉、吊突击的战术来调动对手寻找机会。

2. 身体素质

身体素质是人体在运动中,在中枢神经调节下,各器官、系统功能的综合表现,如力量、耐力、速度、灵敏、柔韧等机体能力。力量大、速度快的运动员一般会采用进攻性的打法战术。

3. 心理素质

生理素质是心理素质的基础,在实践活动中通过主体与客体的相互作用,而逐步发展和形成的心理潜能、能量、特点、品质与行为的综合。心理素质好的运动员一般会采用进攻性的战术打法,因为他们自信、自我感觉良好,喜欢采用冒险式的打法。

羽毛球战术的选择并不是单一、绝对的,而是各个因素之间相互影响、相互联系;身材较高但性格内向的运动员一般会选择防守反击的打法而不是进攻型的打法,身材不高但性格外向、弹跳能力强且有力量的运动员一般会选择进攻型打法而不是防守反击的打法。所以在战术的选择上应该选择能够发挥自身优势、符合自身特点的打法作为自己战术指导。

二、羽毛球比赛中战术的运用技巧

在比赛中,如何有效地运用战术是一个十分重要的问题。战术运用正确,自己就可以牢牢掌握场上的主动权,反之,错误的战术会让自己处于被动。所以正确、合理的战术往往对比赛会产生决定性的影响。我们在运用战术时可以运用以下技巧。

(一)变化战

羽毛球场上,最重要的就是根据场上的变化来打。利用落点的变化,重复球、动作一致性的假动作等,扰乱对方的节奏,打乱对方的重心,从而抓住机会进行突击。变化战包括战术变化、发球变化、进攻变化和防守变化四部分。战术变化就是当自己的战术有效的时候,就不要轻易改变。反之,当发现自己的战术对方适应了,就要及时地变,让对手抓不住你的球路;发球变化是发球可以发短球、长球、平射球等,不让对手抓住你发球的规律;进攻变化是进攻的时候要针对对方的弱点,例如对方上网慢,可多搓网、抢网,平抽球比较差,有意识地诱使对方打平抽球,以抢占主动。杀球的时候更加要多变,长杀、重杀、点杀、杀结合部。或者连续杀几拍后拉一个平高球打结合部,破坏对方的防守节奏,以打乱对方的站位;防守变化时要注意针对对手的杀球。如果是对手上网慢的,可挡网,不给对方连续进攻的机会。如果杀球较平,可以直接反打或者挑杀球对手的反手位,以抢占主动。

(二)抢攻战

发球抢攻战术是一种得分重要手段,发球运动员可以针对对手的站位、回球的习惯球路、抗打击能力、打法特点、精神和心理状态等情况,采用不同类型的发球,来取得前几拍的主动权。在比赛中,主要通过平高球、劈杀、劈吊或网前搓球等技术造成对方还击的困难,使得对方回击的高球不能返回到自己场区的底线,形成对自己有利的抢攻局势,从而增加自己杀球和网前扑球的威力,给对方致命的一击。抢攻发球战术是接发球中最易得分的,但前提是对方发球的质量不好。例如发高远球时落点不到位、发网前球过网太高、发平射球时速度太慢、角度不好;发平高球时节奏、落点、弧度不好等都会给接发球抢攻造成机会。要获得抢攻战术的成功还是要根据自己的技术特点和身体条件,同时结合对方的技术特点、身体条件和心理素质来实施。抢攻要快、要突然,如果对方的反应慢、移动慢,抢攻是一个不错的选择。通过这一战术的运用,打乱对方的整个战略部署,造成对方措手不及,气势和速度上碾压对手。

(三)体力战

一场势均力敌的比赛,运动员的体力起着决定性的作用。尤其对控制球的落点,大开大合的打法,前后场交替的技术运用以及把球打到场地的四个点上或离对手最远的地方,尽可能让对手在每一次回球当中都消耗体力,体力在比赛中的重要性显而易见。

(四)四角战

四角战即打四方球,能够很好的调动对方,当调动对方跑动接球时,这样就很容易出现空当,而此时空当就是我们进攻的目标。

但这项技术对于打球者的要求比较高,四角球打到位是最关键的一部分。在后场,通过高远球、平高球和吊球,在前场通过放网前球、推球和挑球准确地攻击对方场区前后左右四个角落,从而调动对方前后左右奔跑,顾此失彼,待对方来不及回中心位置或回球质量差时,向其空当部位发动进攻制胜。

(五)造气势

在激烈的比赛当中,双方运动员都处于一种高度紧张的状态下,气势的变化往往能带来意想不到的效果,当自己在得分以后,进行大声呐喊加油的时候,我方的气势高涨发挥越来越好,而对方则会出现失误连连的现象。所以不管自己是紧张还是得分都应该给自己加油鼓劲营造气势。

三、羽毛球运动战术意识

(一)战术意识概念及内涵

战术意识是指运动员在比赛中为了达到自己想要的战术效果决定自己战术行为的思维活动过程。赛场上运动员在复杂的比赛环境中能够对自己采用的战术方法有充分的理解和认识,并且碰到偶发情况能够迅速随机应变,找到有利于自己发挥的打法。运动员在比赛中的判断、应变和实践能力,以及每一项技术、战术的正确运用能力,受一定战术意识的支配。但战术意识只能支配运动员在不同情况下采用不同的战术,不能确保比赛的胜利。只有全面提高运动员的战术能力,才能使运动员具有取得比赛胜利的实力。

(二)战术意识内容

1. 战术目的

运动员在比赛的时候所使用的每一项技战术,目的都是明确的,也只有让每一个技术动作都带有一定的战术目的才能获得主动。

2. 行动的预见性

羽毛球运动场地较小、回合较快,场上情况变化快,运动员需要根据临场偶发情况,预判和分析场上各种球路和变化。

3. 判断的准确性

正确的回球源自于准确的判断,准确的判断能够帮助运动员采用合理的技术、战术来回击球。在场上运动员切忌盲目行动,要努力提高判断的准确性,争取比赛的主动权。

4. 进攻的主动性

为了获得比赛的最终胜利,要尽一切努力去创造进攻的机会,要积极进攻,掌握主动权,充分发挥进攻的突然性、攻击性。

5. 防守的积极性

从一定意义上来说,防守是进攻的基础,只有防得住,才有机会进攻,一切防守技战术都是为最终的进攻做准备,这就要求防守必须带有强烈的进攻性和明确的目的性。

6. 战术的灵活性

要求运动员要能够通过观察临场主、客观的实际变化,因势利导,随机应变,灵活使用和变换各种攻防战术。

7. 动作的隐蔽性

利用高度一致的动作迷惑对方,让对方抓不到己方的技战术意图,达到以假乱真、出其不意的目的。

(三)战术意识构成

1. 观察能力

观察能力是提高羽毛球战术意识最基本的能力,运动员在场上的所有反应及采取的行动都源自于观察时所捕捉到的信息,主要经过视觉和感觉来反映。感觉的正确与否,最终体现在对场上情况做出的应答行动是否合理。

2. 分析判断能力

运动场上的正确技战术源自于准确的判断,这是接受感知以后大脑进行思维处理的过程,这是羽毛球战术意识的中心环节,是采取行动的基础。判断准确是使用技战术的前提条件,不管体能有多好,技术水平有多高,没有正确的判断和分析是无法做出正确行动的。

因此,提高运动员对场上实际情况的观察分析和做出判断能力将成为作比较重要的练习内容。同时,要求运动员要熟悉技术、战术及其变化的规律,熟悉各种情况下攻防的行动意图,方能在比赛中不断提高分析判断能力。

3.快速反应能力

在比赛中,运动员往往要采取正确的行动,使攻防更有突然性,出其不意,有效地控制比赛的进行。正确的战术意识要求运动员必须能够通过观察判断的情况做出快速反应,及时准确地抓住稍纵即逝的战机,在训练中完全可以提高这一能力。

4.战术思维能力

战术思维能力是提高战术意识的前提条件,在实施战术前,运动员必须考虑对手及场上可能发生的情况,明确自己的战术意图,并选择战术手段。

5.应变能力

应变能力越强,相应的战术意识也就越强。对比赛场上复杂的变化信息在观察、判断、分析后,要及时判断对自己不利因素,并设法避免不利因素再次或多次出现。

6.自我控制能力

自我控制能力是羽毛球战术意识形成的重要条件。比如在场上出现过度兴奋和紧张、在双打配合不默契时适当的调节自己的情绪,能更好地适应比赛。

第二节 单打战术

一、羽毛球单打战术原则

(1)战术的指导思想:必须坚持以"以快为主、以准为主、以狠为主、以稳为主"的指导思想。

(2)进攻战术的选择原则:战术必须有针对性,才能在运用上取得好的效果,所以在比赛前要尽可能多了解对手,做到战术的选择有针对性,知己知彼,百战不殆。

(3)防守战术的选择原则:在防守时要根据对手的情况灵活的运用各种打法来消耗对手,抑制对手的进攻,做到积极防守。

(4)战术的变化原则:在战术上要随机应变,要机动灵活的运用各种打法战术来掌握场上的主动权。

(5)战术的执行原则:战术上一定要发扬敢打敢拼的精神,而且还要坚决贯彻执行自己的战术。

二、单打战术中常见组合技术打法类型

打法是根据运动员的个人特点、身体素质、心理素质等因素而形成的基本战术方法。

(一)控压后场底线战术

这是一种通过高远球控压对方底线,使得对方的注意力主要集中在后场,迫使对方后退,然后我再通过放网来回调动对手,迫使对手回球不到位,己方获得进攻机会而得分的打法,这是一种比较初级的打法,比较适合初学者。使用这种打法针对后退步子慢或基本技术掌握差的对手是十分有效的。需要注意压后场时,不管是高远球还是平高球,都要过对方的头顶,让对方不能站在中场拦截到我方的球,如果压后场软绵无力且达不到底线,就很容易遭受对方的拦截,致使这种打法失效。

(二)拉四方球战术

后场通过高远球、吊球或者网前通过搓球、推球、挑球、勾球来将球击到对方场区的四个场角上,从而调动对手前后左右跑动,在对手回球不到位或者出现空当的时候进行有效的攻击,这种打法对于球员的步法和控球技术要求较高。此战术要求运动员本身有较强的控制球能力和快速、灵活的步子及较强进攻能力。

(三)快拉快吊结合突击战术

以高远球控制对手后场底线,同时结合吊球使对手前后跑动,在对手上网时,己方再通过推球压对手后场底线,使得对手顾此失彼、疲于应付,从而为我方创造进攻的机会。这是一种快速、积极的打法,对于球员的控球、奔跑能力要求较高。快拉快吊突击打法的根本就是"快""变",把拉吊中的高远球变成以平高球(甚至平快球)为主;把后场的大力扣杀变成以劈杀和点杀为主。

此战术的两个特点。①以快速拉吊(结合假动作)作为一个争夺主动权的第一个阶段,即控制与反控制阶段;②通常以劈杀、点杀或网前扑杀作为第二阶段或第三阶段,即主动一击阶段以及最后致命一击阶段。

拉吊过程的主动与被动主要是看出球线路的合理性、出球节奏的多变性、假动作的欺骗性以及落点的精准性。突击时,后场一般采用劈杀和点杀为多,杀球一般通过直线或斜线直逼对方的两个边线;前场以扑杀追身为多。突击过程的质量,杀球不见得一定要狠(杀球轻重结合),但落点一定要准。

拉吊突击打法对运动员的能力要求较高。

(1) 从技术层面来说，首先运动员技术要全面，即：对球的控制能力要强、网前技术（搓、推、勾、扑）要好、突击能力要强、防守要稳，使对手找不出破绽，假动作和动作的一致性要好。

(2) 从个人能力来说，反应迅速、步法轻盈、速度敏捷、瞬间的爆发力强。

(3) 从意识能力来说，头脑清醒灵活、判断准确及时、善于发现弱点，球路变化多、战术思想十分明确、要打主导球而不被对手牵制。

(4) 从意志品质来说，坚定、自信、顽强。

(四) 后场进攻下压战术

通过后场杀球或吊球，造成对手被动放网前球，己方快速主动上网搓、推球，迫使对方挑球，己方再以重杀结束战斗。这是一种进攻型的打法，具有快速凶狠的特点。它对于运动员的体能、力量、步法、网前技术有较高的要求。

(五) 防守反击战术

这是一种通过打四方球以及灵活的球路变化来调动对手并伺机反攻的打法。这种打法适用于防守技术和步法好且进攻偏弱的选手。有攻就有防，进攻方只要落点尖、靠边线、杀吊结合一致性好，就很有威力。但是防守方不同，不仅要防好，更需要创造机会进攻，不仅要线路多、还要思路灵活，打出防守反击，这才是防守战的正确打法。

1. 故意起高球

当对手的进攻能力不强时，可以故意起高球来消耗对手，因为对手每攻一拍，不仅消耗体力，而且对手进攻的失误率增加，等对手的主动失误或对手主动回高远球，这样己方就能获得进攻的机会。当对自己的防守有自信或对对手的进攻能力了解时，可以使用左右的起高球调动的打法。

2. 接杀挡网

当对手连续杀球进攻时，可以通过接杀挡网前进行回击。此时的挡网前要学会借力，当对手杀球力量大时，挡网前不需要发力，避免回球过高；当对手的杀球力量较小时，此时要稍微发力，保证球过网。

3. 接杀抽底线

当对方杀球进攻技术不是很熟，杀球出现过高，就可以用平抽的技术快速的把球抽到对手另一侧的底线，此时对手刚杀完球迅速回中难度较大，抽底线不给对手再次进攻的机会。

4. 接吊放网

当对手久攻不下时，通常会变换杀吊结合的策略，当对手吊球时，是接吊放网打反击的好时机。

5. 平抽放网

当双方处于快速的平抽状态时，可以通过突然的放网，节奏变化让对手难以适应，放网后上到网前准备封网，迫使对手不敢轻易拼网前，直到起高球。形成防守反击的局面。

三、单打发球战术

(一)发球抢攻战术

此战术一般分为发网前球、平快球、平高球，争取从发球时就做到第三拍的主动进攻。用此战术对付应变能力较弱的对手或运用于比赛的关键分，效果往往出其不意。实施此战术时要求有高质量的发球作为保证，否则很难成功。在采用发球战术时，眼睛不能只看自己的球和球拍，应用余光观察对方的情况，寻找弱点环节。发各种球的准备姿势和动作要保持一致性，给对方的判断带来困难，使其处于消极等待的状态。发球后应立即把球拍举至胸前，根据情况调整自己的位置，两脚开立，身体重心居中，但一定注意站位不要站死。眼睛紧盯对方，观察对方的任何变化，随时做好击球的准备。

1. 发后场高远球

这是女子单打中最常用的发球，要求把球发到对方端线处，迫使对方后退击球，增加对方进攻的难度。发高远球虽然弧线高，飞行时间长，但由于离网距离远，球从高处垂直下落，后场进攻技术不好的对手很难下压进攻。把球发到对方左、右发球区的底线外角处，能调动对方移到底线边角，便于下一拍打对方对角网前，拉开对方的站位。特别是左场区的底线外角位是对方反手区，更是主要攻击的区域。但发右场区的底线外角时要提防对方以直线平高球进攻自己的后场反手区。如把球发到对方接发球区底线的左、右半区的内角位，能避免对方以快速的直线攻击自己的两边。采用发后场高远球战术时一定要将球发到位，也就是要将球发的高和远，"以准为主"原则。

2. 发平高球

发平高球，球的飞行高度较低，但对方仍须退到后场才能击球。由于球的飞行速度快，对方没有充足的时间考虑对策，回球质量会受到一定的影响。对于球的飞行高度的控制，应看对方站位的前后和人的高矮以及弹跳能力来定，以恰好不给对方半途拦截高度为宜。落点的选择基本与发高远球相同。

3. 发平快球

发平快球的原则是："以快为主"，关键在于发的球一定要快，如果不快很可能被对手提前反应过来，然后快速下压进攻，导致我方被动。发平快球主要发中线与底线交界处的位置。

（二）发网前球战术

发网前球能直接降低对方把球往下压的几率，发球后迅速进入互相抢攻。把球发到前发球线内角，球飞行的路线较短，容易封住对方攻击自己后场的角度。发球到前发球线外角位能起到调离对方中心位置的作用。特别是在右场区发前发球线外角位，能让对方反手区出现大片空当。但对方也能以直线推平球攻击发球者的后场反手。如果预先提防，可用头顶球还击。发网前球也可以发对方的追身球，造成对方被动。最好发网前球时配合发底线球才能有较好的效果。

四、单打接发球抢攻战术

接发球虽然处于被动、等待的状态，但由于发球时受到规则诸多的限制，使发球不能给接发球者带来太大的威胁。发球者发球只能发到对角线的接发球区内，而接发球者只用防守半个场地，却能够还击到对方整个场区。所以，接发球者若能处理好这一拍，也可以取得主动。

（一）接发高远球、平高球

接发高远球和平高球时第一原则就是快速进攻下压，争取主动，如果对方发球质量高吊球或者平高球来调动对手寻找机会，如果对方发球质量不高就可以直接进攻下压占据主动甚至直接得分。

一般通过平高球、吊球或杀球回击。但如对方发球后站位适中，进攻时要注意落点的准确性。如果用杀球、吊球还击，自己的速度一定要跟得上；如果对方发球质量很好就不要盲目重杀，可用高远球、平高球还击，伺机再攻，或者用点杀、劈杀、劈吊下压先抑制对方。

（二）接发网前球

接发网前球要注意抢高点击球，首先采用放网前或平推球来处理，争取从接发球开始就占据主动。如果对方发球过网过高时，一定要进行上网扑杀。可用平推球、放网前或挑高球还击。当对方发球过网较高时，要抢先上网扑杀。接发网前球的击球点应尽量抢高。

（三）接发平快球

接发平快球时一定要记住"稳"的原则，对方发平快球是为了让我方被动从而创造进攻的机会，这时我方一定要稳定去判断对方的发球方向，做好随时接球的准备。如果判断到对手的发球方向可以采用快杀空当或追身的方法，也可以拦吊网前。要观察对方的发球意图，随时要做好准备。借用对方的发球力量快杀空当或追身都能奏效，也可借助反弹力拦吊对角网前。

五、单打中单个技术多拍战术

(一)打平高球进攻战术

这是一种通过反复击打平高球进攻对手后场区同一个点的战术。有时会连续多次重复击打数拍平高球,以达到压制对手甚至直接造成对手失误,有利于我方进行最后一击。这种战术对于上网快后退慢、高远球技术弱以及后场移动步法差的对手很有效果。

(二)打平高球压两底线进攻战术

这种战术的特点是通过平高球或推球连续进攻对方两边后场底线,以取得主动权,导致对方被动的战术,以利于我方进行最后一击。采用这种战术,要求击球时出手速度要快、击球的准确性和动作的一致性等都要比较好。这种战术针对于两底线攻击能力较弱的对手是很有效果的。

(三)反复吊球战术

这是一种通过重复吊球来调动对手,让对手被动,以求让我方取得主动攻击权。这种战术一般针对于:一是对手网前步法差。二是对方打底线球不到位,而急于后退去防守我方的杀球。三是我方吊球技术较好,并能掌握假动作吊球。

(四)近网吊球(软吊、慢吊)结合远网吊球(劈吊、快吊)战术

所谓近网吊(软吊、慢吊球)是指球从后场至网前过网时比较贴网,且弧度较大,落点离网较近。使用这种技术结合平高球能达到调动对手的目的。效果好的时候可以直接得分。所谓远网吊(劈吊、快吊)是指从后场吊球至网前的速度较快,出球基本成一直线,落点离网较远。这种吊球速度快,给对手的准备时间短,能够有效调动对手,甚至直接得分。

(五)杀球进攻战术

这是一种进攻性的战术,是针对一些防守时经常喜欢拉后场高远球的对手,所采取的采用杀球的进攻战术。使用这种战术首先要对对手的情况比较了解,杀球时可以选用轻杀或点杀,而且,我方不用急于上网而是选择好自己的位置以等待使用杀球的战术。

(六)长、短杀相结合(点杀、劈杀)的进攻战术

长、短杀相结合(点杀、劈杀)的进攻战术是对"直线长杀,对角短杀"这一战术的概括。它相对于直线短杀结合对角长杀的效果会更好。因为"直线长杀结合对角短杀"会增加对方接杀球时所需移动的距离,从而增加防守的难度。

(七)重杀和轻杀相结合的进攻战术

这是一种前半场采用重杀结合后半场采用轻杀的进攻性战术。当我方通过拉吊创造出半场球的机会时,我方会使用重杀战术,而球在后场时我方一般会使用轻杀。因为半场球用重杀,即使是失去身体重心,也不会造成控制不了前场的局面,但是,当我们在后场使用重杀时,有可能会失去身体重心,上网变慢控制不住网前。而轻杀则能够有效避免丢失重心的问题,让自己保持较好的身体重心,有利于下一步控制网前。

(八)网前搓球抢攻战术

这是一种针对上网搓球之后喜欢很快后撤的对手时使用的战术,我方就可以使用重复搓球的战术,达到创造主动进攻的机会以及破坏对方后退进攻的目的。

(九)推球抢攻战术

这是一种适用于对手从后场拦网前球以后快速回动到中心位置时我方使用快速推球创造进攻机会的战术。尤其是反手网前平推直线球威胁更大、效果更好。

(十)网前勾球抢攻战术

这主要是在己方使用网前勾对角的时候,对方回搓一个直线网前球并且后退想进攻时,我方选择使用勾一对角线球的战术,从而打乱对方节奏为我方创造进攻的机会。

综上所述,单打战术是对各个技术单独简述,其实在比赛中单独使用一种战术而得分的机会不能说不可能,但是从总体上来说机会不多,高水平的运动员双方都是经过多次的控制与反控制才能获得主动出击的机会,直至抓到机会使用致命一击。所以在战术使用上不太可能只使用一种战术,而是应该将多种战术组合起来使用,抓住对手的几个主要弱点进行组合攻击创造机会,这样才能获得好的效果,战术才能奏效,也不易被对手很快识破你使用的是什么战术。因此,当获得了主动控制权之时,要及时把握住主动控制权,要具有熟练而准确的基本技术,清醒的思维头脑,能根据对方的站位,技战术优缺点,心理情况等来考虑下一个球的基本路线,组成灵活多变的进攻战术,才能牢牢地掌握主动权,取得最后胜利。

六、单打战术选择策略

(一)根据对手步法漏洞制定的战术

(1)对启动、回动慢的对手可以多采用快速拉吊、突击进攻等战术,由于对方步法有不足,击球完毕不能快速回中。己方容易取得主动权。

(2)对启动、回动快的对手可以多采用重复多拍战术,能够充分调动对方,过早过快使对方消耗体力,己方寻找机会进攻得分。

(3)对上网快、后退慢的对手多采用推压后场底线的战术,因为这类选手一般控制前球能力较强,而控制后场底线的能力较差,特别是上网后的回动更差,所以采用先引其上网后快推或快挑后场底线的战术。

(4)对碎步多,步法不精简的对手多采用对角线的调动,消耗对手,直至抓住对手回的不到位的球,己方进攻得分。

(5)对于侧身转体差的对手多采用多打左右两侧,以增加对方的转体次数,有效地调动对手并使其侧身转体为己方创造机会。

(6)对于不善于回位的对手多采用击球时用余光看对手的站位,然后选择球的落点,使对方措手不及,为己方创造机会。

(7)对正手回动差的对手多采用推压正手区域战术,因为对手正手区域回动慢,所以可以多推压正手区域。

(8)对头顶侧身回动差的对手多采用推压头顶区的战术,例如通过平高球压制对手头顶区,也可以使用快推的方式攻击对手的头顶区域。

(9)对网前上网步法差对手多采用劈吊的战术,来让对手上网接球,因为对手上网步法差,所以在对手接球时,我们应该多注意前半场的球,对手不太可能将球挑到后场,从而为我方创造进攻的机会。

(10)重心较高的对手多采用劈吊结合快推后场两底线战术,因为重心高的选手侧身转体相对较弱,这个时候通过吊球能让对手重心下去,而快推又能让对手将重心提高,通过打乱对手的重心为我方创造进攻的机会,而且这样的对手防守都较弱,可采用"杀、劈、吊"为主战术。多打对手下手球,让对手低重心接球,以暴露对手的弱点。

(二)根据对手手法漏洞制定的战术

(1)对反手差的对手多采用把球多打到对手反手区域采用压反手战术。

(2)对近身球手法较差的对手多采用平抽挡战术,在发球与接发球的时候就要开始推压追身球,迫使对手打平抽挡,这样就能抓住对手的弱点进行攻击。

(3)对反拍和头顶较差的对手多采用推压头顶反手区战术。先使用吊对角网前技术以最大限度地将对方调离中心区,然后快速推压其反手区,为己方创造进攻机会。

(4)对后场不凶的对手多采用平高球、高远球和挑球,把球打向后场。

(5)对腕部发力小、挥臂速度慢的对手多采用"发球抢攻"战术。特别是通过发平快球然后平推追身球。迫使对方打平快球。因其腕部发力小,挥臂慢,所以对手的球不具有威胁性,我方可以继续推压进攻。

(6)对手法尖锐、威胁大、但不稳的对手多采用防守对手的进攻球路,然后利用对方急于求成的心理,防到对手的进攻失误。

(7)对手法不尖锐、但稳为先守后攻的对手多采用先稳后狠、快中求稳,要有足够的体力和毅力,足够的耐心。

(8)对网前手法不凶,不稳没威力的对手多采用网前小球战术,尽量与其打网前的搓、推、勾球。对方打后场球时也要打多打网前球。把对手控制在网前,打好"攻前场区"的进攻战术。

(三)根据对方身材、体态及身体素质的优缺点制定的战术

(1)遇到个子矮小,进攻能力差的对手要采用压住后场,控制网前等战术。

(2)遇到身材高大、转体与步法不灵活但杀球好的对手,防守时,接杀挡对角,少起高球,进攻时,下压对角球路。

(3)遇到速度快、突击能力强,但耐力差的对手多采用多打拍数,使之暴露能力差,最后攻其弱点胜之。

(4)遇到速度慢、突击差,但耐力好的对手多采用"快速拉吊突击"打破对方节奏,特别是变速突击进攻更有效。

(5)遇到灵活性和协调性差的对手多采用假动作。

(四)根据选手心理上的弱点制定的战术

(1)对易被激怒的对手多采用呐喊加油、换球、擦汗等技战术来给对手制造心理压力,要充分利用对手易被激怒的弱点,制造一些能激怒对方的球路、动作。

(2)对易泄气的对手多采用抢发进攻的战术,争取一上场通过抢发进攻的打法压制对手,将比分领先对手以挫败对方士气,或以反败为胜追成平局,对毅力差的选手造成一种无形的压力,应扩大战果不给对手喘息之机,一鼓作气打垮对手。

(3)对易紧张、胆怯的对手多采用进攻的战术,通过进攻将我方士气提升,给对手造成心理压力,从而限制对手的发挥,促进我方发挥敢打敢拼的作风,在气势上压倒对手。哪怕技术低于对手也要下决心拼搏到底,在拼搏中给对方造成紧张失控而增加失误。

(4)遇到喜欢冒险的对手多采用积极防守、守中反攻的战术,爱冒险的选手常会打出一些冒险激进的球路。例如,发难度很大的平快球,杀难度很大的球,做一个很大的假动作,搓一个很贴网而过的球,打一个很快的平高球,劈很边又贴网的对角球等等。以求达到不是失误就是我得分。

第三节 双打战术

羽毛球双打比赛是两人配合共同进行比赛的项目,是以单打技术为基础,但又不完全是两名选手单打技术的优秀累计。因此在比赛过程中,两名队员配合默契,相互信任,打法上攻守衔接及站位轮转协调一致,是打好双打和取得比赛胜利的关键。

一、双打战术原则

双打比赛中,战术运用合适,可以使己方掌握场上主动权,反之,错误的战术会让己方陷入被动状态。在双方选手势均力敌的状况下,战术在比赛中的作用举足轻重。

正确运用战术时应遵循以下几个原则。

(一)知己知彼

知己知彼是制定战术的依据。比赛前,充分了解对手的技术特点,制订相对应适合自己的战术,做到心中有数。比如了解对方的网前技术较差,可以采用是攻前场战术;对方的身体灵活性较差可以多采用打对角线战术。了解对方短处、己方之长处的同时,也要了解对方的长处和自己的短处,才能制定出避实就虚、扬长避短的战术,取得比赛的胜利。

(二)以我为主

无论使用哪种战术,都要围绕以我为主的打法。以我为主就是比赛时坚持赛前所制定的战术,而不能因为比赛中出现了一两次失误就盲目地改变战术。另外,以我为主还表现在比赛中坚持自己的打法特点,因为每位选手的打法特点是经过各方面的衡量后在长期的训练中形成,不能轻易改变,否则必将失去自身的优势。

(三)随机应变

比赛场上的情况是瞬息万变的,因此,对战术的运用也要有应变的能力。在比赛中,选手除了要坚持既定的战术之外,还要不断地检验战术的效果。比如在比赛中频频得手,打得很顺当,就应当将战术坚持下去;如双方僵持不下或本方比分落后,自己要尽快找出原因,改变对策,制定新的战术。如本方原以打网前球为主,但交手后发现对方主动靠前站位保护前场,这时本方就应改变战术,去压对方的后场。

二、双打比赛己方选手配合要点

羽毛球双打比赛不但要求运动员技术全面,能攻能守,反应敏捷。特别是两名队员配合默契,相互信任,打法上攻守衔接及站位轮转协调一致,是打好双打的关键。

(1)比赛中,两人应该分工明确,一人组织球路,另一人负责后场进攻。

(2)发球要有节奏,观察对手站位和握拍,发球应该选择发对手不好发力的位置,如对手是正手握拍这时应该发对手的反手位置,因为对手接球要进行正反手的转化需要时间,此时就抢不到第一时间去接球,从而为己方争取主动权。

(3)有较好杀球机会时,离球近的一人杀球,另一人准备冲前截杀,换前后站。前场防守的,过头的球都不接,除非球很慢落点又离你很近;被动起了高球,马上换左右站。

(4)进攻的选择上首选进攻对手结合部,其次进攻防守弱的人。

(5)当出现中间球时,两人可以喊一声谁来接球,避免出现抢球。

(6)积极主动的抢攻,从接发球开始就要争取高点击球,抢不到高点应该选择放网、平推等进攻的方式,实在不得已才起高球。

(7)接中场球,保持左右站;接前场球,近的接,接球的人要尽可能将球下压,然后换前后站,若无法下压,则维持左右站;一人放了高质量网前球,可冲网前,另一人应移动到后场中央,换前后站。

三、双打战术中常见组合技术打法类型

(一)攻人战术

这是双打比赛中常用的一种战术。就是把实力较弱的人作为攻击目标,寻找对方实力较弱的一人为进攻对象来进行攻击的战术。对付两名技术水平高低不一或者实力相当的情况下,一般都可以使用这种战术。集中攻势进攻于对方一名较弱队员,使其方强者队员接不到球,或过来帮助时,又会暴露出空当,为我方寻求进攻得分的机会。

1.二打一战术

双打二打一攻人战术就是集中火力攻击对方有明显弱点的选手,并伺机突袭另一对手因疏忽而露出的空隙。这是一种经常使用的、行之有效的战术。当发现对方有一个人防守能力或心理素质较差,失误率比较高,或防守时球路单一时,就可以运用这种战术,在进攻时把球都攻到这个防守较弱者的一边。这种战术体现了"集中优势兵力,打歼灭仗"的原则。

采用这种战术,首先,可以集中以多打少,以优势打劣势,造成主动或得分。

第二,有利于打乱对方防守站位,另一个不是被攻的人,由于没球可打,慢慢的站位会靠向同伴,造成站位上的空挡,有利于我方突袭到另一边线而获得主动权。
第三,有利于造成对方思想上的矛盾,互相埋怨。

2. 攻右肩战术

此种战术目标是明确每一球落点要准确地攻击对方其中一人的右肩上,因为这一点是防守的薄弱区。一般情况下如对方防守能力差,我方能够直接得分,防守好也只能回平球造成我方同伴的封网机会。

(二)攻中路战术

1. 防守方左右站位时把球打在俩人的中间结合部

比赛中,该战术可以造成防守方两人争抢一球或同时让球,出现配合不默契的情况,造成丢分。也可以限制对手在接杀球时挑大角度高球调动进攻方;有利于进攻方的封网,由于打对方中路,对方回球的角度也小,网前队员封网的就相对容易。

2. 守方前后站位时把球下压或轻推在边线半场处

该战术大多是在接发网前球和守中反攻抢网时运用。这种球防守方前场队员拦截不到,后场队员又只能以下手击球放网或挑高球,后场两角便会空当,对于进攻方有隙可乘,攻击防守方的空当或打追身球。

攻中路战术的优势:

(1)可以造成对方抢球和让球。

(2)能够限制对方挑不出大角度的球路。

(3)为我方创造封网的机会。

(三)攻直线战术

攻直线战术即杀球线路和落点在一条直线上,没有特定的目标和对象。单纯依靠杀球的力量和落点来取得得分效果。属于直线战术范畴的如杀直线小对角(小交叉)的战术,杀边线战术,边攻边、中攻中战术。

1. 杀直线小对角战术

当获得进攻时应该是攻击对方的两边球互相结合,而不能只攻一边,成小交叉路线。

作用:对于对方左右摆臂较差的对手效果较好。比较有利于我方组织进攻,配合上简单且易封网,是女队员比较常用的进攻战术。

2. 杀边线战术

此战术是在进攻时有目的地杀到边线的落点上。此种战术的作用是针对对方近身球防守较好队员,攻杀边线球落点因离身较远,不利于对方反抽或挑底线球,则有利于我方的同伴网前封网。

3.边攻边、中攻中战术

这种战术是属于混合战术即攻边线战术和攻中路战术之组合。当对方的来球在靠两边边线时,攻球的落点在两边线,如对方来球在中间区时,就朝中路进攻。作用:这是一种混合战术,不易被对方马上识破,便于我方较长时间的运用。而且使用上较易记住和贯彻。而杀边线球虽难度高一些,但效果不错,便于网前同伴的封网。

(四)攻后场

该战术主要使用于后场扣杀能力弱的对手,把对方弱者调动到后场也可以使用。此战术多通过平高球、平推球、挑底线把对方一人紧逼在底线两边两角移动,使其在底线两边移动击球,在其打出半场高球或网前高球时即可大力扣杀,取得该球的胜利或主动。如在逼底线两角时对方同伴要后退支援,则可攻击网前空当或打后退者的追身球。

(五)第三拍战术

一般情况下第三拍进行反攻战术。

所谓一般情况即是指对方接发球过来的球对我方形成一种既不主动,也不被动的形势,在这种情况下,第三拍处理得好就可以直接掌握主动权,反之就会变成被动。因此,此时的出球要求有一定的质量,具体要求做到高打、快打,但过网质量要高,球路要出乎意料,做到以速度压住对方,然后成边压网之势,以取得前半场之优势。迫使对方打出高远球让我方进攻。在这种情况下,大胆而快速的两边跟进两边逼网与对方展开短兵相接的对攻战,是争取主动的关键,因此,第三拍、第五拍的配合是重要环节。

主动时,第三拍保持进攻的战术,在我方发球质量较好的情况下,就会出现第三拍的主动情况,这时,要求在前场的发球者迅速举拍封住对方的习惯球路。形成前后站位的进攻队形。总之,一旦获得主动权的时候,要求前后场的人都能做到高打、快打、狠打、硬打压住对方,并做到跟进压网,成分边进攻的队形争取在前半场压制对方。

摆脱第三拍被动的战术,这是第三拍经常碰到的问题,可以分两种情况处理。

(1)对方接发球之后两边压网的打法较凶,对前半场的球封得较准,碰到这样的对手,第三拍被动时,一般要求有较快的反应及较强的手腕爆发力,迅速地用高球反挡或拉到两边后场底线。

(2)对方接发球之后,两边压网的打法不凶,而且平抽平挡的打法不突出,对这样的对手,我方如被动时有两种办法处理:一是挡网前球,要求球过网有速度,过网要低,要平,此时对方由于压网不狠,一般只能采用推的办法,而我方则采用跟进半蹲对打对攻的办法,从被动中转为主动。二是采用挡两边网前球的打法,因对方压网不凶,势必有一边网前漏洞较大,因此,挡两边网前球也可转被动为主动。

(六)后攻前封战术

后场队员积极全力扣杀创造机会,在对方接杀放网、挑高球或企图反击抽球时,前场队员以扑、搓、勾、推控制网前,或拦截吊、点封住前半场,使整个进攻连贯而又有节奏变化,使对方防不胜防。

四、双打站位战术

双打比赛中,合理站位不但能更好的执行己方的战术,而且也能体现出两队员的默契配合,比赛过程中,站位不是一成不变的,要根据场上的变化,随时变换轮转。

(一)前封后杀的前后站位打法

这是一种进攻型的站位,打法基本上是己方处于发球时所采用。发球的队员站位在发球线附近。当发球员发球后立即举拍封堵网前区域,另一名球员则负责中后场的各种来球。前后站位法可充分运用快攻压网前搓、吊、推、扑技术,寻找空隙,一举打乱对方站位;或通过后攻前封,后场连续大力扣杀,前场积极封网,当回球在网前区域时,一举给以对手致命打击。

后场队员的站位,进攻时的后场队员负责保持对对手的下压控制,多采用杀球和吊球。关键进攻队员进攻要有连续性,控制对手,不让对手有转守为攻的机会。后场进攻不是要一拍造成死球,而是要给网前创造机会,由网前选手直接得分。为保持进攻的连续性,后场队员步法必须灵活,无论前后移动还是左右移动,要保证杀球后右脚落地在身前,迅速回中,准备下一拍的进攻。当出现半场高球时,这时无论前场队员来攻杀还是后场队员攻杀,都要进行轮换。如果是由后场队员来处理,后场队员在杀球之后应当随即上网,原来封网的队员后退到后场来杀球。前场队员在出现半场机会的时候就开始后退,等待后场队员的杀球上网。如果是前场队员来打这个球,后场队员要从另半场区上到网前补位,前场队员在后退杀球后继续后退,完成轮转。

前场队员的站位,进攻的时候,封网队员的攻击威力更大,多数的得分球都是网前队员实现的。对网前队员步法的要求也是迅速敏捷。一般情况,在后场杀直线球的时候,前场队员的站位要偏向球所在一侧,封住直线为主。如果对手的回球喜欢平抽或者回中场球,前场队员站位要靠后一些,几乎在场地的中心。如果对方的回球变化比较多,喜欢改变线路和挡网前,站位就要近网些,在发球线附近。无论如何,封网队员的站位都尽量不要进入发球线以内,否则对于快速的回球就来不及反应,而且横向的移动也会受影响。

(二)左右平行站位打法

这是一种防守型的站位,两人平行站位,但并不是两人对称地站在左右两个场区的正中心,各自防守各自的区域,而是要根据挑球的路线而有所偏重,本打法基本上为本方处于接发球状态和受到下压进攻时所采用。对方发球或打来下压球时,我方应该成左右站位,接球方可从原来的前后站位立刻转换为左右站位,两人各负责左右半场区的防守,以平抽、平打压住对方后场底线两角,在对方扣杀球时也能以平抽反击或挑高远球至两底角,造成对方回球无力,一举扣杀或吊球成功。

五、双打发球战术

双打发球是一项战术意识非常强且作用十分重要的战术,它相比于单打的发球有着更加重要的意义。发球质量的好坏会直接影响到后面的局势,主动和被动从发球这一刻基本上就被决定了,是得分和失误的重要环节,所以,掌握好发球战术,能够有利于掌握整场局势的主动,对于最终的胜利有着十分重要的意义。

但是由于双打的后发球线比单打的后发球线短,所以在双打中如果发高远球,很可能会遭到接发球一方的大力扣杀,导致被动。所以为了争取主动,同时又较少有后顾之忧。一般双打站位往往会靠近前发球线处,给发球者造成较大的心理上和技术上的压力。所以,发球的质量、线路的合理、弧线的制造、落点的变化对正常双打比赛而言具有十分重要的意义。

(一)发球的站位

不同的发球站位,会对发球的飞行线路、弧线、落点和第三拍的击球产生重要的影响。

(1)发球者紧贴前发球线和中线。这是目前最常用的发球站位,这种站位位于发球线前紧贴中线,使用反手发网前内角,球过网后球托下落,不易被对方下压进攻。由于站位靠前,也便于第三拍封网。但是站位靠前不适合发平快球,因为发球距离短容易出界,所以一般是发网前内角位球配合发双打后发球线的外角位平高球。发球者站位离前发球线 0.1m。

(2)靠中线,这种站位发球一般出现在女子单打当中,因为女子单打相较于男子单打力量小、进攻力弱,而这种发球的选择也比较多,正、反手都可发网前球、平快球、平高球,并且各种路线都可以发。缺点是球的飞行时间长,对方有较多时间判断处理,发球后如果抢网较慢也容易失去网前主动权。

(3)发球者站在离中线较远处,这种发球站位主要适用于在右场区以正手和左场区以反手发平快球攻对方双打后发球线的内角位,配合发网前外角位。需要注意的是,这种发球通常只是作为一种变换手段。因为这种发球主要针对反应慢、攻击力差的对手有一定作用,如果对方做好了准备时作用就不大了,而且还容易让自己陷入被动。

(二)发球路线和落点的选择

1. 调动对方,破坏对方站位

如甲、乙两名队员站位是甲在后、乙在前的进攻队形,在发球给乙时可以以后场为主结合网前,而发球给甲时则要以发网前为主结合后场,这样,从发球时就打乱了对方的站位。

2. 避实就虚,抓住对方弱点发球抢攻

首先要观察接发球者的站位,如果对方紧压网前站在网前内角位,我方就通过发网前外角位来破坏对方的站位;如果对方站位离中线较远,我方可以发平快球突袭后场内角位;对于接发球线路呆板、变化少的,可针对这种情况进行固定球路封网、抓固定球路。

3. 发球要有变化

发球的时候,网前要和后场结合,网前的外角、内角,底线的内角、外角位的结合,使对方前后难以兼顾,多点设防,疲于应付;在发球的弧线上也要有变化。这样,接球方就很难琢磨到发球方的规律了。

4. 发球节奏的变化

接发球方从准备接发球开始,思想就要高度集中,但由于受到发球方的牵制,他要等球发出后才能判断、启动、还击。所以,发球动作的快和慢要在规则允许的范围内有所变化,不要让接球方发现规律。

发球节奏变化要能够快、慢结合自如。让对方摸不到准确的击球时机。要把握好这种快、慢结合的发球技术,一定要有熟练的手法及正确的动作以及合理的用腕技术。不然虽在节奏上起到了破对方起动的作用,但由于发球质量太差而达不到应有的目的。

5. 发球战术的选择

发球战术的选择,主要依据对方接发球的站位位置来采取不同的发球方式,以取得主动进攻的机会。

6.发球的其它变化战术

发球时要做到快慢结合、长短结合、内外角相结合。

(1)快慢结合的发球战术。这种发球的目的是让对方在接发球的时候在击球动作上要求有调整,如对方没有变化,则会因为过来的球速有快、有慢、有软、有硬、有轻、有重而造成接发球失误或处理不好而处于被动。

(2)长短结合的发球战术。发球时要注意发后场区(即3、4号区)和前场区(即1、2号区)结合好。这种发球的作用是使对方在起动上、判断上好要有前蹬和后蹬起跳击球的变化,如对方不注意判断或起跳弱,那么,很容易造成失误或被动局面。

(3)内外角相结合的发球战术。前场区的(1)、(2)号位和后场区的(3)、(4)号位结合,都为内外角结合的发球战术,这种战术是可以起到破坏对方精力集中于某一点的作用,会迫使对方打出的球路没有质量,威胁性不大,而有利于我方反击。

六、双打接发球战术

(一)接发球战术原则

1. 以我为主的接发球战术

以我为主就是根据自己在左场或右场区的接发球优势、特点来处理接发球,而不考虑对方第三拍怎么打,即符合自己的特长打法为主,结合一些多变的路线,在一般情况下,接发球较多是这样处理的。

2. 根据对方发球质量的好坏来处理接发球战术

当对方发球质量较高时,应该采用常规的技术去处理接发球,然后要判断封住对方的路线才能取得主动,当对方发球质量不好时,就应该抓住这个有利时机采用快速扑压两边、扑压中路、轻放两边中半场、扑压中路半场等方法,争取主动或直接得分。

总之,这一战术的原则是要根据对方发球的质量情况来应对,立即作出判断,然后运用有效的技战术去争取主动权,而不能完全不变的采用一种固定的接发球技术和线路。

3. 根据对方处理第三拍的优缺点来采用接发球战术

例如对方甲在后场接第三拍时站位靠后,接反手区的球及中路球较差,我方在接发球时,就要考虑到对方的这些弱点,一是反手差,二是中路差,三是半场差(因对方站位靠后)。这时就要尽量以己之长抓住对方的弱点,如果我方接发球的优势是推正手区又不善于放中半场,在这种情况下也得改变自己的打法去抓对方的弱点,以争得接发球的主动权。

4. 接发球指导思想

接发球的战术指导思想应始终贯彻"快字当头、以稳为主、狠准结合"。快字当头是体现我国技术风格的打法,因为如果没有"快",就很难在前几拍取得主动权,而处于被动挨打的地步,只有"快"才能体现积极主动、快速进攻的风格,也才能体现中国运动员积极上进,力争上游的思想面貌。

"以稳为主"因为在接发球上如果不稳失误率高,就会让对方轻松地得一分,当然,"以稳为主"也是针对对方发球质量较好的情况下提出的,如果对方发球不好时,能快的则要快,能狠的则要狠,做到狠快结合。

目前接发球的站位法有四种:一般站位法、抢攻站位法、稳妥站位法、特殊站位法。

(1)一般站位法。这种站位主要针对离中线和短发球线适当的距离,其主导思想是以稳为主,保护后场,对于前场球主要以推压放半场的处理办法为主。

发球对付办法:要以发近网(1)、(2)号位为主多点配合,使对方不能集中精力于一点,这时对方由于受接发球主导思想的影响,不可能打出有威胁的球(除了我方发球偏高之外),这时的主被动权取决于第三拍的回球质量。

(2)抢攻站位法。这是一种进攻型的站位,因为站位很靠近发球线,身体向前倾斜,目的是要进行接发球抢攻,或者担心自己接发球处理不好容易陷入困境而想冒险,或者想要以此来威胁恐吓对方。判断准确了才能采用各种发球手段来对付之。

发球对付办法:发球应以发质量为主,结合时间差、假动作,达到破坏对方想抢攻、冒险、恐吓的目的。

(3)稳妥站位法。这种站位的特点是站在离发球线远一些的位置上,身体成站立式(倾斜度较小)。这种站位法对于接发球抢攻不做要求,只是把球打过去,进攻意识较差的一种过渡站位法。

发球对付办法:不要发高球,应该以网前球为主,因对方站位消极,必然起动慢,我们发近网球,有利于第三拍的反攻。

(4)特殊站位法。一般站位以右手握拍为例,都以左脚在前,右脚在后,但特殊站位法改变为右脚在前,左脚在后。这种站法一般在右脚蹬跳击球,不论是上网或后退均以一步蹬跳击球。

发球对付办法:当你还不了解对方改变站法的目的及优缺点时,还是以我为主发球,但要尽快掌握对方的目的及优缺点,从而制定有效的发球战术。

(二)接发球战术运用

接发球虽然受发球方的牵制,属于被动等待,但由于规则对发球作了击球点不能过腰、球拍上沿须低于手腕、动作必须连续向前挥动(不许做假动作)、不能迟迟不发等等的诸多限制,所以使发球者发出的球不能具有太大的威胁。接发球方如果判断准确,起动快、还击及时,就能在对方发球质量稍差时杀、扑得手或取得主动;反之,也会接发球失误或还击不利造成自己陷入被动。

1. 接发内角位网前球

以扑或推压对方两边中半场或发球者身体为主要攻击点,配合网前搓、勾等其他线路。

2. 接发外角位网前球

除了以上打的点外,还可以平推对方底线两角以调动对方一名队员至边角,扩大对方另一队员的防守范围。

3. 接发内角、外角位后场球

应以发球者为攻击点,力争扣杀追身球。如起动慢了,可用平高球打到对方底线两角。一般发球者在后场球发出后,后退准备接杀的情况居多,这时可用拦截吊球,落点可选择在发球者的对角。

4. 挑两底线平高球战术

这是一种比较简单的战术,即不论对方从哪里进攻,都将球挑到进攻者后场的另一边。即对方攻直线球,我方挑对角线,对方攻对角球,我方挑直线。以达到调动对方的目的,如果对方移动慢,就无法保持持续进攻的状态,若盲目进攻,则有利于我方反攻。

5. 挡勾网前逼近战术

当遇到后场两边进攻能力很强的对手时,如果我方采用挑两边底线球,则无法获得主动的机会,这时就应该采用挡直线、勾对角网前跟进的战术。当然,在实施这一战术时可以从第一拍就开始采用挡或勾网前逼进对攻的战术,也可以先过渡一二拍后,转入挡或勾的战术。总之要以回击网前的方式来避开对方后场强有力的攻势。这一战术往往是为了争夺进攻权所采用的战术,特别是针对网前扑、推、左右转体较慢的对手,可以很快获得防守转攻的主动权。

6. 反抽跟进战术

当发现对方网前封网技术较差,封网站位很靠近球网时,可以使用平抽或半蹲抽挡的方式来接球然后跟进对攻的战术来处理对付。

7. 反拉对角平高战术

这个战术一般是处于被动时,通过把球先打到对方的右后场区,让对方从右后场区进攻,然后再挑对角平高球到对方的左后场区。这是一种分球的技战术,比较容易取得主动的防守战术,尤其是女子双打,取得主动的成功率较高。

8. 挑对角平高,结合直线方位防守或反击直线战术

当我方被动的时候要打出刚好穿过网前封网者的平球,其弧度要比平高球

低一些,让对方进攻者无法杀对角线,而只能杀直线,而且还不能下压的太低,这样就有利于在直线方位的人采用半蹲防守来反击直线进攻。

9. 打漏洞战术

首先要判断、发现对方使用哪一种进攻方式,采用哪一种轮转法,发现了对方的进攻规律性,才能看到哪里有漏洞、有空隙,才能有意识地把球打到对方的漏洞位置上,从而争得主动权。

第五章　羽毛球运动技能教学理论与实践

第一节　羽毛球运动技能教学概要

运动技能是指人体运动中掌握和有效的完成专门动作的能力。这种能力包括大脑皮质主导下的不同肌肉的协调性。换句话说,运动技能也就是指在准确的时间和空间里正确运用肌肉的能力。运动技能的发展和提高,有赖于人们对人体机能客观规律的深刻认识和自觉运用。

合理的、正确的运动技术要符合项目运动规则的要求,能够让运动员的生理、心理能力得到充分的发挥,帮助运动员取得好的竞技效果。各个运动项目的各种动作,都有着符合人体运动力学基本原理的标准技术及规范的技术要求;但对每名运动员而言,还需要根据个体的生理学特点,选择和掌握具有个人特征的运动技术,才能更为有效地参与运动竞技。

一、运动技能掌握基本原理与机制

(一)运动技能掌握的各个阶段的特征

体育运动技术掌握一般划分为三个阶段:运动技能初步形成阶段(泛化阶段),运动技能改进和巩固阶段(分化阶段),运动技能熟练阶段(自动化阶段)。根据每个阶段的特点选择不同的教学方法,目的是让学生掌握规范的技术动作,提高教学质量。

1. 运动技能初步形成阶段(泛化阶段)

在技术动作练习的刚开始阶段,学生大脑皮层兴奋,表现为动作僵硬、不准确、不协调和出现多余动作,学生主要是通过视觉观察对动作进行外在形象的模仿,在大脑皮层建立动作的视觉表象,并依据表象对动作进行模仿练习,从而获得运动的感觉。这个时候,学生主要通过视觉的调节来控制动作,注意范围比较局限,所以对完成动作时发力时间、肌肉用力大小和参与动作不同肌肉间的协调配合还不能很好地控制。同时,不同运动基础水平的学生在学习不同难度动作的时候通常会产生不同程度的心理紧张,以上两个方面的问题是造成学生在练习过程中完成动作不准确、不协调甚至出现错误动作的主要原因。

例如在羽毛球"侧滑步"练习的时候很容易出现"跳滑步"的问题,掂球时不伸直手臂等错误动作。多角度、突出重点环节、快慢结合、轻松标准、组合与分解的动作示范是吸引学生将注意力集中到记忆动作、消除紧张心理、思考动作环节、建立完整动作表象上的最好方法。过多的语言讲解,对动作概念抽象的叙述一般会使学生思维混乱、加重心理负担,导致注意力分散,这或许是在运动技能形成的初级阶段学生容易出现错误动作的一个潜在因素。对于这个阶段出现错误动作的学生,教师应该进行正确的示范动作,还可以配合必要的辅助练习,让学生在不知不觉的情况下改进、消除错误的动作。有针对性的提醒和指导在纠正错误动作时必不可少,但直接指出学生所犯错误则会让学生因"知错"而"畏难"。

2. 运动技能改进和巩固阶段(分化阶段)

经过对技术动作的多次重复和强化练习,学生大脑皮层各有关运动中枢已形成条件反射,各感觉器官与运动器官之间的神经联系已经建立。在中枢神经活动中,分化抑制起主要作用,视觉作用开始减弱,动觉信息逐渐增加。视觉与动觉对动作的控制共同发生作用,动作表象逐渐清晰,运动知觉和空间感觉进一步扩大,并在一定程度上取代视觉对完成动作的控制作用,为技术动作的改进、巩固和组合练习提供帮助。

比如在羽毛球技术练习中,在完成了"正手发高远球"和"正手击高远球"这两项技术动作第一阶段的练习后,学生基本掌握了其动作要领,这个时候应该组织学生进行半场的一对一练习。在这种从单项技术向复杂技术发展的过程中,某项技术或环节可能处在技术形成初级阶段,而某些技术则进入了改进、巩固提高阶段,这种动作技术组合练习在体育教学中是十分普遍的。教师应注意动作技术的新授与练习、练习项目的分解与组合、不同动作技术的组合与变化,进行合理选择和科学教授,并以此带动相关技术动作的掌握。在这个阶段,科学合理地进行组合练习,采用综合方法进行教学,分别运用讲解与示范、提示与强调、评价与指正、练习全过程示范与重点动作示范、正误对比示范,让学生不断强化正确动作,抑制纠正错误动作,在改进和巩固已掌握的主要技术动作的同时,学习新技术动作。这种"新旧"教材的交替搭配组合练习,在"旧"教材进入运动技能改进、巩固阶段时效果最佳。以"旧"带"新",以"新"促"旧"。

3. 运动技能熟练阶段(自动化阶段)

经过对技术动作的改进和巩固,学生已建立了较为稳定的动作动力定型,动作的完成要准确、协调、具有节奏感,练习过程能够在较少意识的控制下,由肌肉的运动感觉和相关感知器官调节控制,学生可以对自己完成的动作情况进行评价和改正。此阶段的练习需要加大技术动作的练习难度,提高动作的练习质量和完成动作的准确性、熟练性。教师应把握学生对技术动作的掌握情况以及从掌握到运用的过渡,注意抓好技术动作之间的衔接环节,提高学生在不同情况下正确完成动作的能力。在羽毛球动作技术练习的时候,教师应告诉学生应该互相观察和分析动作以及对技术与技术间的动作结构关系进行讲解,加深学生对动作技术之间的本质联系和用途的理解和认识,培养发现问题、分析问题、解决问题的能力。

(二)运动技能掌握的各个阶段的控制

1. 运动技能初步形成阶段(泛化阶段)

刚开始学习任何一个动作的时候,主要是通过教师的讲解和示范以及自己的运动实践,来获得一种感性认识,对于运动技能的内在规律并不完全理解。由于受到外界的刺激,人体通过感受器传达大脑皮质,引起大脑皮质强烈兴奋,所以大脑皮质中的兴奋与抑制都呈扩散状态,使条件反射暂时联系不稳定,出现泛化阶段,这个过程表现为肌肉的外表活动往往是动作僵硬,不协调,不该收缩的肌肉收缩,出现多余的动作,而且动作很费力。在此过程中,教师应该抓住动作的重点方面和学生练习动作中存在的主要问题进行教学,应充分发挥他们视觉的主导作用和模仿天赋,采用以直观形象的示范动作为主的教学方法。不能仅用正确动作方法来讲解,更应该要求学生认真观察示范动作,提示学生对某个动作环节的把握,使其在正确的视觉表象和语言的刺激下,逐步改进动作,减少错误。不应过多强调动作细节,避免学生在练习过程中有意识控制成分的增加。应以初步掌握、体验技术动作,动作学习以分解模仿、徒手学习为主。

2. 运动技能改进和巩固阶段(分化阶段)

在不断练习的过程中,初学者对该运动技能的内在规律有一定的理解,一些多余的动作也逐渐消除,大脑皮质的活动由泛化阶段进入到了分化阶段,因此练习过程中的大部分错误动作得到纠正,且能较顺利、连贯的完成完整动作技术。在此过程中,教师需要特别注意错误动作的纠正,让学生体会动作的细节,促进分化抑制进一步发展,使动作日趋标准。

3. 运动技能熟练阶段(自动化阶段)

通过进一步反复练习,运动条件反射系统已经巩固,达到建立巩固的动力定型阶段,大脑皮质的兴奋和抑制在时间和空间上更加集中和精确,此时,不仅动作准确、优美,而且某些技术动作还会出现自动化,比如羽毛球击球过程中的挥拍动作,出现下意识地随挥动作。与此同时,教师对学生应该提出更高的要求,并指导学生进行技术理论学习,更有利于动力定型的巩固和动作质量的提高,促使动作技术达到自动化程度。

在动力定型建立后,任何一点动作技术上的改进和质量上的提高都需要教师和学生双方付出更大的努力,对于部分学生在第一第二阶段遗留下来的不正确技术动作,教师应该高度重视。在此阶段仍存在错误动作的学生一部分是因为动作的概念模糊、运动表象不完善造成的,另一部分则是由于练习前的某些习惯动作引起的。教师要抓住产生错误动作的主要原因,除采用一般的纠错方法和手段外,在一项完整的技术动作过程中,应该从错误动作相近的前后两个技术环节入手,抓好前后两个技术环节的练习质量,配合相应的辅助练习,对纠正此阶段存在的错误动作十分有效。

形成动作技能的三个阶段是相互联系的,各个过程之间并没有明显的界限。训练水平高的运动员在学习掌握新动作的时候,泛化过程很短,对动作的精细划分能力强,形成运动技能快。运动新手在学习新动作时,泛化过程较长,分化能力较差,掌握动作较慢。动作越复杂,泛化过程就越明显,分化的难度也就越大,形成运动技能所需要的时间就越长。

二、运动技能教学的教学原则

教学原则是有效进行教学必须遵循的基本要求,它能指导教师的"教",也能指导学生的"学",应贯彻于教学过程的始终。

(一)启发性原则

指在教学过程中教师激发学生的学习主体性,引导他们积极思考与探究自觉地掌握科学知识,学会分析问题解决问题,树立求真意识和人文情怀。教学中,学生的学习、探究过程是在教师指导下进行的能动认识过程,教师的启发、引导固然重要,但学生是学习的主体,有成效的理解和运用知识,发展自己的智能和情操,要靠学生自己去实现。

启发性原则的基本要求:
(1)提高学生的学习积极性。
(2)善于提问疑惑,引导教学步步深入。
(3)引导学生反思学习过程。
(4)发扬教学民主。

(二)理论与实践相结合原则

理论与实践相结合原则,是指教学要以学习基础知识为主导,将理论知识运用于解释和解决实际问题,学以致用,善于动脑,加强动手能力,并理解知识的含义,领悟知识的价值。

理论与实际相结合原则基本要求:
(1)注重联系实际学好理论。
(2)重视引导学生运用知识。
(3)逐步培养学生与形成学生综合运用知识的能力。

(三)直观性原则

指在教学中通过学生观察所学事物或教师语言的形象描述,引导学生形成所学事物、过程的清晰表象,丰富他们的硬性知识,从而使他们能够正确理解动作技能的认识能力。直观性原则是指在学习中应充分利用多种感官去感知对象,以获取一定的直接经验和感性认识,帮助理解动作,形成概念。直观教具经展示出来,就应立即通过提问或讲解的方式引导学生观察,促使其较深刻地掌握知识。

直观性原则基本要求:
(1)根据教学任务、教学内容以及学生的年龄特点恰当地选择直观手段。
(2)直视手段的运用必须与教师的讲解密切配合。
(3)重视运用语言直观。教师要善于运用生动形象的语言,帮助学生掌握知识。

(四)循序渐进原则

循序渐进原则指教学过程中要按照知识内在逻辑顺序和学生认知能力的发展顺序进行,要了解运动技能 知识和学生认识能力发展的顺序;要坚持由近到远、由易到难,由浅入深、由简到繁地进行教学工作;要打好基础,培养学生系统学习的好习惯。

循序渐进原则基本要求:
(1)按照学生的认知顺序,由浅入深、由易到难、由简到繁进行教学。
(2)要按动作技能的逻辑系统进行教学。
(3)抓主要矛盾,解决好重点与难点的教学。
(4)教师要引导学生将知识体系化、系统化,培养学生系统学习的能力和习惯。

(五)巩固性原则

指教学要引导学生在理解的基础上牢固地掌握知识和技能,长久地保持在记忆中,能根据需要迅速再现出来,以利知识技能的运用。要求学生所学的知识、技能达到牢固和熟练的程度,能够在需要的时候及时地、准确的再现出来。

巩固性原则的基本要求:

(1) 在理解的基础上巩固。
(2) 保证巩固的科学性。
(3) 巩固的具体方式要多样化。

(六) 因材施教原则

指教师要从学生的实际情况、个别差异出发,有的放矢地进行有差别的教学,使每个学生都能扬长避短、获得最佳的发展。

因材施教原则的基本法要求:
(1) 针对学生的特长进行有区别的教学。
(2) 采取有效措施使有才能的学生得到充分的发展。

第二节 一般教学方法

在羽毛球的教学中,根据不同的授课对象、授课内容等,教学方法的选用都必须按照学生的实际情况和教学内容以及教学阶段灵活变换。任何一种教学方法的作用都是相对的,没有一种是毫无用处的,也没有一种方法是万能的。作用大小是随不同对象、不同教学阶段而不断发展的,所以教学方法应根据不同的对象、不同的教学阶段进行不同的组合。

教学方法是为完成教学任务采用的方法,包括教师教的方法和学生学的方法,是教师引导学生探讨与掌握知识技能、获得身心发展共同活动的方法。

一、直观教学法

直观教学法即利用教具作为感官传递物,通过一定的方式、方法向学生展示,以达到提高学习的效率或效果的一种教学方式。在羽毛球教学中常用的直观教学法有动作示范法、比赛示范法、战术示范法、慕课等多媒体电教示范法以及形象比喻法。

(一) 动作示范法

在羽毛球技术动作教学中,动作示范法是最基本、最直观的教学方法,教师以具体的动作为范例,在学生学习动作技术的泛化阶段,使学生了解动作形象、结构、要领和动作方法,通过教师的动作示范,首先对动作技术有感官认识,从而对技术动作建立清晰而完整的动作形象。为了使学生更加清晰的认识技术动作,动作示范法又可以分为分解示范练习法、完整示范练习法。

1. 分解示范练习法

此方法是从一个完整的动作出发,把一个完整的动作按其技术结构分成几段或按身体活动的部位分成几个部分,逐个或按部分进行教学和练习,最后将一个一个的分解动作组合起来,形成一个完整的动作。比如完整地掌握动作的方法在学习羽毛球正手击高远球技术动作中,可将技术动作分为准备动作、引拍动作、挥拍击球、随挥动作四个部分,这样更有利于学生掌握。其优点是可以降低动作难度,有利于加强动作困难部分的学习,缩短教学时间,提高学生学习的信心,使其能更快地掌握动作。运用时应考虑各部分之间的有机联系,不破坏动作的结构,使学生明确各部分在完整动作中的位置及前后衔接,分解的时间不宜过长,应与完整练习相结合。一般是在动作较复杂、可分段、完整练习不易掌握动作的情况下,或动作的某部分需要较细微地练习时采用。

(1) 分解示范练习法教学要求:

1) 分解教材时要考虑到各部分或段落之间的有机联系,划分开的段落应易于连接完成并不破坏动作的结构。

2) 在进行分解后的各个部分的教学时,教师要向学生说明白每个部分、段落在完整动作当中的作用,让学生明确该部分与前、后部分,特别是与下部分之间的关系。

3) 分解法要与完整法结合运用。分解法的主要作用在于降低学生在学习中的难度,最终达到完全掌握动作的目的。所以,分解动作的练习时间不宜过长,以免影响学生对完整动作的学习。只要基本掌握就可以和其他段落或部分连接起来进行组合练习。

(2) 分解示范练习法技术动作分解方法:

1) 按动作技术的结构顺序分:如击球的基本动作基本上都是由准备动作、引拍动作、击球动作、随后动作等环节组成,可按动作技术结构顺序先练习准备姿势,再练习引拍动作,最后将击球动作和随后动作串联,最终学会这个动作。

2) 按动作技术的结构反序分:如、跳起杀球的教学,可先练习杀球的技术动作,再练习起跳的动作。

3) 按学习难度分:如,斜线吊上网搓或勾球练习。可以在熟练地掌握两种固定落点和球路的练习后,再进行不固定落点和球路的吊上网练习。

4) 按身体各部分的动作分:有些难度较大的动作,如果整体学习有困难,就可以按照身体各部分的动作来分解学习。所涉及的身体各部分有下肢动作、上肢动作、上体姿势和头部动作,分段教学的顺序可以是多样的,基本顺序有分进式、连进式和递进式三种。

如半场吊、杀上网练习,可先分别练习吊、杀技术,再练习步法,最后把整个技术串起来完整练习。

2. 完整示范练习法

在技术学习的过程中,主要目的是让学生学会完整的技术动作。比如羽毛球正手击高远球,学生会通过老师完整的技术动作示范,对此项技术动作有一个整体的认识,包括动作技术的挥拍、击球的声音、击球后的随前动作等。完整法指从动作的开始到结束,不分部分和段落,完整地进行学习和练习的方法。其优点是便于学生完整地掌握动作,不会破坏动作结构和割裂动作的各部分或动作之间的内在联系。不足之处是不容易很快地掌握动作中较为困难的要素和环节。完整法一般在动作比较简单或动作分成几个部分后会破坏动作结构时采用。

完整示范练习法的优点是一般不会破坏动作结构,不会割裂动作与动作之间的内在联系,便于学生完整地掌握技术动作;缺点是不易使学生较快地掌握技术动作中比较关键和较难的要素和环节(即重点、难点)。

完整示范练习法多用于动作比较简单,学生容易掌握的技术动作。有些教材虽然比较复杂,但是用分解法会明显地破坏动作结构,这样的教材一般也用完整练习法进行教学。

完整示范练习法教学要求:

(1)在进行简单动作教学、学生容易掌握的技术动作时,教师在讲解、示范之后就可以立即组织学生练习,在练习中教师发现错误应及时指导纠正。

(2)在进行复杂动作的练习时,可以着重突破动作技术的重点。先解决技术基础(动作的基本环节),然后再去解决技术细节(每一环节中的细节技术)。对动作要素(方向、姿势、幅度、力量、频率、速度、节奏)的处理,一般是先解决关系到动作成败的方向、路线等要素,再对动作的幅度节奏等要素提出要求。

(3)对有一定难度的教材使用完整法教学时,可先简化动作的要求,再按照教材技术规格的要求进行教学。在教技术复杂、难度高的项目时,还可以先原地或慢速做些模仿性练习(即诱导性练习),让学生体会动作的要求,然后再按动作技术规格进行练习。

(二)比赛示范法

随着学生对羽毛球运动技术掌握的加深,羽毛球教学比赛也成为主要授课内容,观赏比赛对学生羽毛球综合技战术提高也有较大帮助。教学比赛也是检查教学效果和学生对羽毛球技战术、竞赛规则。裁判法运用的一个评判手段,同时这也是隔网对抗技术教学中一种常见的方法。教学比赛示范法一般都是学生作为运动员、裁判员来进行,也能够让学生在比赛过程中掌握比赛规则,巩固技战术,找出自己的不足与差距。

(三)战术示范法

当教学进行到一定的深度,学生基本掌握常用的发球、击球、接发球等技术之后,就可以适当的安排战术练习的教学内容,虽然学生还不具备进行某一战术实践的足够技术能力,但注意培养学生的战术意识,也是羽毛球教学环节中的一个重要内容。

实践证明,进行战术练习,对于提高学生学习动作的兴趣和进一步巩固提高动作的规范,向较高难度动作学习的欲望都有促进作用。

在进行某一战术练习时,教师可以与班上技术较好的学生进行战术练习,或者教师找两名技术较好的学生进行观摩,教师要把战术运用的要求、打法、应变措施等讲解清楚,充分利用讲解、示范、边讲解边示范的方法,使学生了解战术的运用和意图。

(四)慕课等多媒体示范法

能给学生提供最直观资料,激发学生的积极主动性。也能够使学生通过多种感官获取知识,增强理解和记忆反馈,更快提高运动技能,能够有效的突破动作技术的难点重点。

(五)形象比喻法

为促进学生理解动作,用形象的比喻,如:握拍如握手;握拍的松紧如同抓住小鸟要既不让它飞走也不捏死的感觉。再如网前正、反手的挑球动作,主要是前臂完成内旋、外旋动作,为了强化前臂内旋、外转动作,要求运动员在自己面前划"∞"。

直观教学法的运用要求:

(1)直观教学要防止花架子,要从实际出发,针对性要强,要有明显的目的性,做到在一定教学阶段的适可而止。

(2)运用直观教学法,尽量充实感性认识,以扩大直观的最佳效果,有的时候单纯靠语言的表达是不够的,如果能伴之有形教具,这样就能加强感染力,激发学生的学习兴趣,急于求成的做法是行不通的,要在反复磨练上下功夫。

(3)要善于把直观的感知与积极思维结合起来,贯穿于教学之中,使学生在获得感性认识的基础上,更加深刻地理解、运用所学技术动作,要掌握所学动作的内在联系和客观性,这样就能让直观性教学原则在教学中取得良好的效果。

二、语言传递法

通过语言传递信息为主的教学方法,是指教师运用口头语言向学生传授动作技能知识的教学方法。由于羽毛球属于技术类项目的,所以在教学过程中,要突出"精讲多练"的特点,无论是讲解还是示范,都要起到画龙点睛的作用。

(一)讲解法

讲解法是体育教学中最常见的教学方法之一。是为了帮助学生了解教学的目的、任务,练习的要求和方法,是对学生进行思想教育、基本理论和基本技术教学的主要手段之一。

讲解法的要求:

(1)讲解要有明确的目的。羽毛球课的讲解,无论是指导学生学习动作技术,还是思想教育都要有明确的目的。通过讲解使学生明确学习的目的、任务,激发他们学习的积极性和主动性,提高独立思考的能力,让学习成为一种自觉行为。在学习技术动作时,要讲清楚它作用和练习方法,使学生做到心中有数,有目的地去进行学习。

(2)讲解要通俗易懂,简明扼要。讲解不仅要有明确的目的,而且还要尽量做到通俗易懂,简明扼要。由于羽毛球课的时间、场地、内容所限,讲解不应长篇大论,要紧紧地抓住技术动作的重点、难点和关键点,清晰讲解各类技术动作的共性和特性,尽量做到语言生动有趣,反对那种主次不分、模糊不清、不求实效的讲解。

要想讲解通俗易懂,简明扼要,就必须认真钻研教材,吃透教材的内容,讲解才能恰到好处。

(3)讲解要内容正确,符合学生水平。教师在讲授时内容一定要准确,而且要从学生的实际情况出发,让学生掌握正确的理论概念。切忌在讲解时脱离实际,故弄玄虚,哗众取宠。同时还有利于学生将所学的科学知识应用于运动。只有通过内容准确、符合学生实际情况的讲解,才能向学生传授正确的理论概念,使其较快地理解动作要领和较好地掌握动作技术。

(4)讲解要深入浅出,富有启发性。在羽毛球教学的讲解中,如果不注意语言的艺术,就不能充分调动学生学习的积极性和主动性,使课堂气氛活跃起来。所以在讲解的时候一定要注意讲解要深入浅出,富有启发性。用形象生动的语言引起学生积极的思考,让看、听、想、练有机结合起来,用各种行之有效的方法启发学生积极思考,深入理解动作要领及技术动作的重难点。

(5)讲解要注意时机和效果。在羽毛球课上,为了取得良好的效果,教师应根据课的具体情况和要求,灵活机动,合理地进行安排,注意讲解的时机和效果,有的内容可以先讲后练,有些内容则可以先练后讲,同时还要注意选择讲解的地点和时间,让学生都能看得见听得到。

(二)口令提示法

在体育教学过程中,教师正确使用口令和提示有利于提高教学效果,主要表现在以下几个方面:

(1)能集中注意力。教师发出清晰宏亮的口令,必然能使学生集中注意力。清晰而有节奏的口令,能唤起学生的节奏感,使其通过清晰洪亮的口令,张弛有序地进行练习。

(2)调节情趣。在教学中,常出现"教师发口令、学生强应""身顺而心违"的现象。究其原因,是教师没有挖掘口令的功能。即没有发挥口令能调节学生的情趣作用所致。

例如,在练习步法时,如果教师只用"上、下、左、右"等单调口令,学生就容易产生枯燥感,教师如果能适时地让学生在不同节奏中或者在步法练习中插入其他内容的口令,就能增强练习气氛和调节练习情趣。

(3)提示与纠错。提示口令常用在羽毛球的练习过程中运用,能起到提示与纠正错误的作用。如在击高远球的教学中,及时的对击球动作有问题的学生给予提示,要比停下来讲解效果更好。

(三)口头评定法

在教学中教师通过简单的口头评定,往往能起到鼓舞士气、加强自信心、提高学习兴趣的效果。在教学过程中,学生会经常因为掌握动作不得要领,而表现出困惑和急躁,教师这时对其动作某一点加以肯定,就会扭转暂时的低落情绪。同时,也要指出动作中存在的缺点和不足,这时学生则更容易接受。

(四)默念法

在学习和练习动作的过程中,培养学生养成"自我提示"的习惯,对掌握技术要点及纠正错误动作动作都有积极的作用。因为无声语言不仅能在头脑中有一个表达过程,而且在一定程度上表达动作形象。"自我暗示"在练习中可以默念动作中某些不足和习惯的错误动作,如"不要提前倒拍""回位"等。

语言传递法的基本要求:

(1)语言不等于讲解。教学中有大量的语言交流,教师也有许多用于授课过程中的语言,但教师语言与讲解最大的区别,就是是否在向学生说一件学生不懂得事情,使学生学有收获。

(2)讲解不等于讲解法。授课过程中,教师有大量的讲解针对某一项技术动作,但有的讲解是无效的讲解,没有技术和知识的成分,而且效果欠佳。所以,授课中,讲解不能等同于讲解法。

三、纠正动作错误与帮助法

纠正错误动作与帮助法是体育教师为了纠正学生的动作错误所采用的教学方法。

在体育教学中,学生的技能提高是伴随着动作错误的不断出现与不断纠正而进行的。体育教学中的纠正动作错误和帮助,不仅是学生掌握运动技能的需要,也是避免运动损伤的需要。纠正错误动作和进行帮助时,必须分析出产生错误的原因,才能选用适合的方法予以纠正和帮助。

(一)产生动作错误的原因

(1)学生对完成动作不认真、敷衍了事,会把动作做错。

(2)学生对所学动作技术的概念模糊不清。

(3)学生受旧技能的干扰。

(4)学生的能力较差导致产生错误动作。

(5)学生在疲劳情况下进行学、练导致产生错误动作。

(二)纠正错误动作与帮助的具体方法

(1)运用语言和直观的方法,不断使学生建立正确的动作概念,要用生动而准确的描述性语言和手势等帮助学生明确动作的顺序、要领,要运用各种诱导性、转移性练习,来防止受旧技能干扰。

(2)根据错误动作的性质,可采用限制练习法、诱导练习法和自我暗示法等进行纠正。

(三)纠正错误动作与帮助时的注意点

(1)在指出动作错误之时,也要充分肯定学生的进步,以利于学生接受和增强改错的信心,切忌讽刺和挖苦学生。

(2)要纠正主要的动作错误,有时主要的动作错误被纠正了,相关的动作错误也就随之消除。

(3)要合理使用各种方法纠正动作错误。

第三节 常用技术教学训练方法与手段

一、教学训练要求

(一)在移动中正确掌握和熟练运用基本技术

在基础教学训练阶段,多采用固定路线的练习,如平高直线吊对角上网搓,对方回击直线高球后,我方吊球然后上网搓球,上网接吊对角放直线网前,或半固定路线练习为高吊上网搓,不固定吊直线和对角,上网搓、勾的结合。通过固定的训练掌握正确的技术动作。而全面提高阶段的训练,则更多地采用不固定路线的综合练习,如高吊控制反控制。高杀对攻、高吊杀对攻等,这种训练必然要求能正确和熟练掌握运用基本技术(手法和步法),提高控制和反控制能力,对攻的来回拍数多、质量高,接近实战水平。

(二)不断制造难度,在对抗情况下熟练地掌握基本技术

以对抗的形式制造难度,提高技术动作质量。如采用二一式训练法,对主练者的难度和负荷强度都比一对一的训练法大;如采用二一式高吊杀对攻,而且要求一人能完成每回合八拍以上才算完成一组;如一段 30 分钟训练,必须完成 25~30 组等等。当然,这种训练法由教练员根据队员的水平定出不同的完成拍数和组数,队员必须注意力集中,减少失误,否则失误组次不算,重新计算。

(三)在发展全面技术的基础上,突出特长技术的训练

在这个阶段,如果基本技术(手法和步法)上有较明显的薄弱环节(如反拍击球技术、侧身步法、防守手法、步法存在问题),它将是对手攻击的主要目标,造成战术上的被动和心理上的负担。因此,抓紧薄弱环节基本技术的训练,提高全面技术的掌握,这是主要环节。也就是全面提高阶段应解决的主要矛盾,接着去发展特长技术。作为一名优秀运动员,除了需要全面掌握各种技术外,还需花主要精力去发展其特长技术,使他在某一个技术、某一个区域,某一个特定时间和空间形成技术绝招,这样才能给对手增加压力,取得比赛的主动和优势地位。

(四)技术的掌握和发展必须与个人打法特点及战术密切配合

全面提高阶段是形成个性特点的阶段,在不断提高技术的快速、准确、稳定和灵活变化的能力的同时,注意发展运动员的个人特长技术和战术,增强战术意识,确定自己比赛的战术方案,培养和形成既符合运动员个性条件,又适合羽毛球技术发展趋向的个人打法。密切结合个人打法特点和战术需要,着重抓好攻防中的主要环节,这样可以使训练少走弯路,并能迅速提高技、战术水平。

二、常用技术易犯错误及练习方法

(一)握拍技术

1. 握拍技术常见错误

(1)握拍太紧,握拍方法不固定(见图 5-1)。

握拍太紧是指练习者击球时,在准备挥拍和还原的过程中,握拍手掌心与拍柄之间没有留有适当的空隙,当球拍与球接触前已紧握球拍的现象。

(2)一把抓的拳握法(见图 5-2)。

五指并拢使劲一把抓的"拳握法",这种握法,导致手臂肌肉僵硬,影响手腕的灵活性。

(3)苍蝇握拍法(见图 5-3)。

虎口对准拍面的"苍蝇握拍法",这种握法导致屈腕发生困难,妨碍对拍面角度的灵活控制。

(4)反手击球时,没有转换成反手握拍法(见图5-4)。

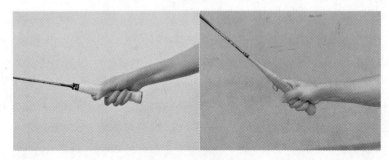

图5-1 握拍太紧

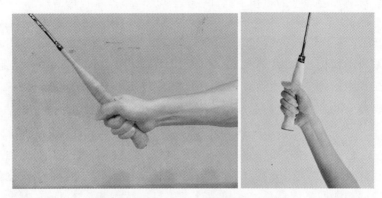

图5-2 一把抓握拍

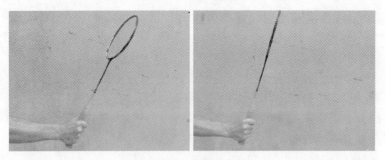

图5-3 苍蝇握拍法

2.握拍技术练习方法

(1)在正确的握拍后,用手指将羽毛球拍不断地进行转动,握紧、放松的动作交替。

(2)平时可以多进行一些徒手的挥拍训练,主要是体会从松握球拍到击球瞬间时握紧球拍的发力技巧与手指间与球拍的一个灵活性。

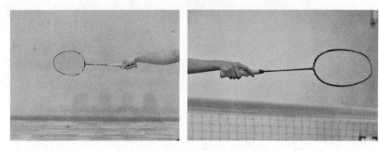

图 5-4 双手反击错误握拍法

（3）通过技术示范，进行模仿练习。

（4）让握拍手自由转动拍柄后，按照正确的动作要领，反复练习。

（5）按照正确的动作要领，练习前臂旋外的发力动作。

（6）练习正手、反手握拍的转换，在胸前绕八字。正确握拍放胸前，闪动手腕在胸前绕八字，动作幅度由大到小，由小到大变换。

（7）让握拍手自由转动拍柄，完成正手握拍动作与反手握拍动作的转换。

（8）学习正、反手握拍的转换方法。从正手握拍举在右肩上，到反手握拍举在左肩上，反复练习体会拇指和食指将拍柄捻动后，手指和拍柄接触部位不同的要求和变化。

（二）发球技术（右手持拍为例）

1.发球技术常见错误

（1）正手发高远球。

1）正手发高远球时，出现发球发偏，不能发到指定的位置区域。

2）正手发高远球时，没有"展腕"发力，造成发球违例，不到位。

3）正手发高远球中场或中后场位置，不到位，应发到底线边缘。

4）放球与挥拍时机配合不好，造成击球不准或发空。

5）正手击球后，动作不协调，随前动作挥拍向右侧。

6）右腿没有蹬转面向网击球，身体重心无移动。

（2）正手发平高球。

1）击球前不转体。在运用正手发球技术时，击球前都要做出转体移重心带动手臂、手腕发力的动作。如果没有转体动作，仅靠手臂完成发球动作，则会出现缺乏隐蔽性、动作不协调、发力不集中等问题。

2）击球点过低。在正手发平高球时，为了形成较低的出球角度和较快的飞行速度，需要争取较高的击球点。如果击球点过低，只能以明显的从下往上的角度击球,很难形成较低的飞行弧线,达不到发平高球的发球目的。

3)拍面仰角过大。正手发平高球的击球瞬间,需要将拍面与地面夹角小于45°。如果仰角过大,则会造成发出的球飞行弧线过高,无法达到平高球弧线平、速度快的战术目的。

(3)正手发网前球。

1)引拍动作摆弧大以及发力大,发球过高过长,容易失分。

2)发小球"砍击"发力错误,造成手腕上挑或拍面不正向前切球。

3)发球时没有转体。

4)动作的节奏掌握不好,动作突然、僵硬,从而造成发球稳定性差。

5)发力时没有手指、手腕动作,动作僵硬。

(4)反手发网前球。

1)握拍错误。对于初学者来说,正反手握拍转换适应较慢,在反手发球或击球中,要用反手握拍。

2)持球手持球过紧持球错误。反手发网前球需要左手大拇指和食指捏着羽毛,对于初学者来说,经常在发反手球时,以正手发球持球。

3)引拍过程中无"展腕"发力,放球经常向上抛或向下掷。

4)发力过程不连贯,且发力过大,球过高,虽然发力距离较小,但反手发网前球的整个发力过程应是连贯的,如果出现任何停滞,都可能造成延误发球。

5)发球过程中,重心下降,球不过网。

发球重心过低,球落网。正确方法:脚尖踮起,提高重心,反手握拍,球拍由后向前推送击球。

2. 发球技术的练习方法

(1)正手发高远球。

1)多练习徒手挥拍动作,时刻提醒自己挥拍正确的轨迹,形成下意识动作。

2)多练习颠球练习,正手、反手向上颠球练习,提高球性,增加空间击球能力,体会击球时机。

3)用绳把球吊起来,上下挥动反复击球。放球时保持球托底部向下,挥拍击球时用眼睛的余光看球,等动作熟悉后,靠感觉去击球。

4)对墙单人发球练习,高度同正手发高远球的高度。也可以两人一组进行练习。练习时,按照正手击高远球的动作要领站位,左肩对墙,练习时力量不用很大,体会发力顺序。

5)面向镜子,正确站位,练习击球过程中重心转移及蹬转。

(2)正手发平高球。

1)徒手发平高球挥拍练习是初学者固定技术动作的最佳方法之一。练习者可以正手发球的准备姿势放松站立,转体移重心,带动手臂进行正手发平高球的徒手挥拍。在挥拍过程中,体会动作的连贯和对拍面的控制。

2)多球正手发平高球练习,通过使用多球,集中进行大量正手发平高球练习,能够起到让练习者重复体会发力和感觉拍面控制的效果。固定练习者的正手发平高球的技术动作,使练习者尽快掌握正手发平高球的动作结构和发力方法。

3)定点正手发平高球练习,在技术动作掌握后,练习者可以通过多球进行定点的正手发平高球练习,以达到更高的技战术效果。

(3)正手发网前球。

1)连续多次挥拍练习,体会大臂带动小臂发力,发力不可过大,引拍动作摆弧要小一些,同时体会手指握拍的细小动作。

2)多球练习,可固定发球落点区域,控制练习发球落点。

3)面向镜子,正确站位,练习击球过程中重心转移及蹬转。

(4)反手发网前球。

1)熟悉动作要领,面向镜子多次练习无球挥拍拇指前顶发力动作,将持拍手的手臂抬起,手腕充分由展至伸,带动拇指前顶发力。拇指动作与"按图钉"接近,循环往复,直至熟练掌握。

2)正反手颠球练习,可以巩固正反手握拍的转换,也可以加强球性,增加反手发球的准确率。

3)多球练习,固定落点区域。多球练习可以使练习者在场地上结合自身的站位、球的飞行弧度和落点进行有意识、有目的的练习。反手发网前球的关键是击球拍面角度与力量的控制,通过使用多球大量连续地进行反手发网前球练习,可以不断通过调整拍面角度和力量的大小来固定动作和发力,有效起到提高发球质量的作用。

4)抬球练习,先以正拍面将球抬起,抬肘,向地面方向做出发力前的展腕动作。待球下落至合适高度时,迅速用手腕由展至伸,带动拇指前顶发力,反拍面将球向上方击出。循环往复,直至能够熟练发力击球。

(三)击球技术(右手持拍为例)

1.击球技术常见错误

(1)正手击高远球。

1)动作技术要领不清晰,准备姿势不正确,没有侧身。

2)准备姿势中,持拍方向不对,拍面没有面向前方。

3)转体引拍过程中,肘关节抬的过低,持拍手腕不够放松。

4)击球过程中,手臂没有伸直,手腕没有"内旋"发力,击球点过低,没有"够"

着去击球,球不到位,打不到对方后场底线。

5)击球过程中,击球点位置错误,没有在右肩的正上或前上方。

6)击球和击球后右腿向前缓冲顺序不对,应击球结束,站不稳右脚向前迈步缓冲。如先缓冲,击球借助不到转体蹬地之力。

7)击球结束随前动作,拍子向身体左侧随前,协调性差。

(2)头顶击高远球。

1)引拍不转身,移动到头顶区后,不侧身引拍直接击球,移动速度慢,导致移动到位时引拍时间不足,击球前没有转身引拍。

2)击球点偏右侧,头顶区的高球击球点应偏向身体的左前上方。由于正手高远球的习惯,形成了击球点在身体的右侧前上方。

3)击球后左脚单脚支撑,击球后转体不充分,重心全部落在支撑的左脚上如果动作变形或身体疲劳,很容易造成左脚踝关节或跟腱的运动损伤。

4)握拍太紧,前臂内旋动作不明显,造成击球质量差或击球出边界的现象。

(3)正手吊球。

1)非持拍手下垂,身体平衡不稳定。非持拍手在击球过程中主要起保持身体平衡、协调发力动作的作用。否则,无论从动作的舒展美观,还是身体协调发力,都会有一定缺陷。

2)手腕提前有屈伸动作,击球前,手腕处于自然状态,提前产生的任何动作都会使手腕处于紧张状态,影响击球时发力。

3)球点过低,偏后,不易掌控。初学者由于对击球过程中的空间感知不足,容易造成击球时主动或被动改变动作,如击球点偏前、击球点远离身体或者屈肘,造成在较低的位置击球,无法抢到可以抢到的最高击球点,降低击球效果。

4)没有切击动作,吊球使球过网后落于网前,是因为在击球瞬间是以斜拍面切击球托底部的。如果缺乏这个动作,则会像高远球一样正拍面击球,无法达到使球过网即坠的击球效果。

5)手腕手指没有连贯配合,吊球技术对手腕和手指的配合要求较高,需要靠手指来控制球飞行的方向。如果只用手腕击球或者手腕和手指动作脱节,就会造成击球质量不稳定,很难控制落点等问题。

(4)头顶吊球。

1)头顶吊斜线击球时前臂应内旋,采用的切击角度和正手区相反。错误的头顶区吊斜线采用了和正手区相同的拍面击球。

2)击球时手腕太直太硬,击球时需要快速地让拍面摩擦球头,手腕动作要灵活。错误的出现主要体现在紧张,导致手腕僵硬,手腕动作不充分,摩擦效果不好。

3)击球时手腕动作过大,适当的手腕动作、拍面角度和挥拍速度,可以打出大角度的斜线吊球。但采用过多的手腕动作很容易造成切击角度过大,球飞行出界。

(5)反手吊球。

1)吊过去的球过高,给对方威胁不大且容易失分。

2)击球时机和击球点掌握欠佳,击球质量差。

3)转身移动到位,到位后引拍,肘关节上抬不够,造成吊球下网。

4)角度调动不开而被对方拦截成功。

(6)正手杀球。

1)杀球击球后跟进动作产生了错误,身体过于下压、身体重心不跟进,动作幅度过大导致杀球下网的可能性,并因身体重心的不稳定影响下一个环节的连续性处于被动状态。

2)杀球时身体没有拉成反弓,击球时重心仍落在右脚,没有跟进动作,形成了手臂往前压身体向后倒。不能充分利用腰部与腿部的力量,导致球速慢,球容易下网。

3)杀球时抡大臂,使球不会向下走,只能往前走,导致杀球质量下降,给对方进攻的机会。

4)扣球时手腕绷得太紧,或握拍过紧,动作过于僵硬,球拍与手不成一条直线,击球时手腕没有甩腕(鞭打)的动作,压不住来球导致初速度慢。

5)正手杀球的击球点在右肩前上方或在头顶正上方。击球点靠前杀球容易下网、击球点靠后则不便于发力或将杀球机会变成了击高远球、击球点靠左右侧不便于发力也难以控制拍形角度。造成的原因主要是欠缺预判、移动慢、空间知觉能力差等因素。

6)步法灵活快速度的移动能保证合理的击球位置及最佳击球点。部分初学者出现在击打远离自己身体的球时经常出现手忙脚乱移动不到位的差错。

(7)反手杀球。

1)握拍错误,还是正手握拍,没有使用反手握拍。

2)击球点过后,击球点在身体后面,不利于发力。

3)动作不流畅,击球的时候手没有伸直。

4)拍面不正确,击球时拍面没有正面向前。

5)引拍发力时,手肘没有朝上而是朝前,不利于挥拍发力。

(8)正、反手挑球。

1)站位错误,左脚在前,右脚在后。

2)球拍后引动作过大,主要是用肩关节发力,击球没有速度,而且也影响了动作的一致性,造成出球不够到位。

3)击球时手腕没有外展发力,照成挑球不到位。

4)挑球时,球挑不到对方底线附近,造成挑球不到底线的原因,其一是击球点不够准确,球没有接触到球拍的甜区;其二就是挥拍方向过于向上,造成球飞行轨迹见高不见远。

5)挑球飞行高度过低,轻易被对手拦截,挑球的高低根据对手后场进攻的威胁性来决定。对手后场进攻威胁不大,则挑球的高度以迫使对方后退、被动回球即可。如果对手后场进攻威胁大,则挑球高度要高。

(9)正手放网前球。

1)放网前球时,站位距离网较远,球下网。

2)手指不够灵活,控制拍面的角度和力量过大,球过网太高太远,给对方得分机会。

3)屈臂放网,使球黏拍,不过网。

4)放网前小球后,身体继续向前冲,回动有困难。

5)引拍击球过程中,拍框领先于拍柄,手腕没有外展动作。

(10)反手放网前球。

1)握拍错误,反手放网正手握拍。

2)放网前球时,站位距离网较远,球下网。

3)站位错误,左腿向前迈步。不管正反手放网前球,都是右脚分别向右前方或左前方蹬跨步。

4)手指不够灵活,控制拍面的角度和力量过大,球过网太高太远,给对方得分机会。

5)引拍击球过程中,拍框领先于拍柄,手腕没有内展动作。

(11)正、反手勾球。

1)准备姿势的拍面错误,拍面斜拍面60°对网。

2)击球时拍面错误,击球时拍面乱动,应该固定拍面去击球。

3)击球点错误,击球时击球点应该在身体的斜前方45°角(右斜前方)。

4)握拍错误,勾球时使用正手握拍且食指略伸直。

5)反手勾球同正手勾球,握拍改为反手。

(12)正、反手扑球。

1)击球点过低,没有在高于网的点击球。

2)拍面错误,拍面应该正面朝前。动作太大,挥拍时间长,因而不能及时把握时机,并且易出现触网犯规现象。

3)手腕没有动作,使球缺少向下的飞行趋势,容易造成底线出界。

4)顾手不顾脚。扑球动作向前惯性大,初学者往往只注意手上的动作,而忽视击球后腿的缓冲动作,因而容易造成犯规。

5)反手扑球同正手扑球,握拍为反手握拍。

(13)正反手推球。

1)击球点错误,击球点太低,推球易下网,击球点应该在身体右斜前方45°角位置。

2)握拍错误,使用正手握拍,食指伸直。

3)拍面错误,拍面应该朝前,不应该朝下。

4)推球的力度太大易出界。

(14)挡网。

1)拍面错误,拍面应该正面朝前,不能斜拍面。

2)击球点,击球时手臂由弯曲到伸直。

(15)抽球。

1)没有准备,抽球时拍子应该放在身体前面。

2)击球点离身体太近,应该在身体前面击球。

3)击完球以后球拍没有立刻回到身体前面,做准备姿势。

4)身体重心不稳,影响了手臂的击球动作。

5)击球时间掌握不准确;击球时没有完成前臂带动手部,手指抽鞭式地向前闪动,影响了爆发力。

2.击球技术常见练习方法

(1)正手击高远球。

1)熟悉动作要领,镜前多次无球挥拍练习,或徒手挥击固定球或树枝,准备姿势—引倒拍—击球—随前,动作顺序清晰。

2)两人一组,面对面站立,一人高举拍,另一人按照正确无球挥拍动作,击球点触在对方的拍面上方,感受击球点的位置;一人练习可在室外正确挥拍挥打树叶。

3)一人持球或实物向前上方抛球,体会击球时候手腕的鞭打发力动作。或两人一组,一人正确站位,另一人站在右后方拉紧对方手臂,练习蹬地转体练习。

4)两人一组,一人正确站位,另一人站在右方向击球人右前方抛球,击球人击球练习。

5)自抛自击,左手持球向右前方抛球,同时按照正确挥拍动作击球。

6)空中悬球练习,用一细绳将球挂在适合于击高球的位置上,反复练习击高球动作,检查击球点以及球拍的接触面是否正确。

7)原地对打练习,两人面对面站在各自的场区底线附近对打高远球。一开始先练习直线对打,然后再练对角线对打。在这一阶段练习中,主要以打高远球为主。

8)移动中对打高球练习,较熟练掌握原地击高球动作之后,即可过渡到移动中的对打高球练习,这种练习便与步法练习结合起来了。

a)一人固定、一人前后移动的练习。一人在底线固定位置击出高球,另一人则在回击高球后底线回到中心位置,再重新退到底线回击对方打来的高球。

b)一点打一点前后移动练习。对练双方在各自击完球后都回到中心位置,然后再各自退到底线回击对方打来的高球。如此循环练习。

c)一点打两点三角移动练习。一人先固定在底线某个角上,先后将高球击往对方底线两个点(直线加斜线高球)另一人通过三角移动,还击球至一个点(直线加斜线高球)。

初学者应按照循序渐进的原则,先熟练掌握原地对打,然后练习一人固定、一人移动对打,最后再练习两人移动对打。

(2)头顶击高远球。

1)熟悉动作要领,镜前多次无球挥拍练习。或徒手挥击固定球或树枝

2)加强步法移动练习,重复多次进行转身击球的挥拍练习。形成动作定型,击球时才能熟练做出转身动作。

3)加强挥拍练习,将击球点移向身体左前上方。

4)击球后快速转体,收腹。左脚落地后,不要对抗支撑,而是缓冲落地,并利用转体的惯性,让右脚衔接落地,重心从左脚过渡到右脚上,并快速回中。

(3)正手吊球。

1)熟悉动作要领,镜前多次无球挥拍练习。或徒手挥击固定球或树枝。

2)固定动作击球练习,两人一组,一人从对面场区连续发球到后场区域,练习者固定动作,练习击球中手腕带动手指切击球托的动作。

3)原地吊球练习。

a)定点吊斜线。练习者固定在右后场或左后场底线,用正手或头顶击球技术将球吊至对方的右(左)场区网前,对方将球挑回练习者的右、左后场底线,往复练习。

b)定点吊直线。练习者固定在右(左)后场底线,将球吊至对方的右(左)场区网前,对方将球挑至练习者的右、左后场底线。如此往复练习。

4)移动中吊球练习。在较熟练地掌握原地吊球技术之后,即可进行移动中吊球点练习,这样可与实战紧密结合。

a)一点打吊一点前后移动。练习者在后场底线吊球后,移动到中心位置,然

后重新退回到底线进行吊球;挑球者挑球后,退回中心位置,然后重新上网挑球。

b)两点吊一点前后移动。吊球者先后在后场两个点将球吊至对方网前的一个点上;挑球者网前一个固定点先后将球挑至对方后场两点上。双方均作前后移动。

c)两点吊两点前后移动。在两点吊一点的基础上,吊球方增加一个吊球落点。

(4)头顶吊球。

1)熟悉动作要领,镜前多次无球挥拍练习,或徒手挥击固定球或树枝,与正手区吊球对照,体会其动作。

2)加强挥拍练习,熟练前臂内旋的切击球头的左外侧。同时击球时加强手腕的运用。

3)原地多球吊球练习,和正手区的原地多球吊球练习相同。

4)后场两点吊球练习,后场两点交替吊球,区分两种不同的吊球的拍面角度。

5)两点直线高球、斜线吊球组合练习,击打直线高球,吊斜线,两点交替练习。练习高吊球动作的一致性,同时还能提高手腕和拍面的调控和转换能力。

(5)反手吊球。

1)熟悉动作要领,镜前多次无球挥拍练习,和正手区吊球对照,体会其动作。

2)在无球的情况下,进行徒手挥拍动作的练习(体会拍面的倾斜度);进行多球原地后场反手吊球练习;多球移动后场反手吊球练习。

3)两人一组,一人挑球至练习者反手后场区域,练习者反复用后场反手吊球至网前的定点。

4)两人一组,一人挑球至练习者反手后场区域,练习者反复用后场反手吊球至网前两点。

(6)正手杀球。

1)熟悉动作要领,镜前多次无球挥拍练习,或徒手挥击固定球或树枝。

2)原地手掷羽毛球。面对墙2米左右站立,用拇、中、食指捏住羽毛球的球托模仿扣杀球的动作,用力将球向前上方掷出。主要是让练习者体会正确的发力次序并保持动作的连贯性流畅感,尤其是那些挥臂速度慢、手腕控制不好者,通过反复的掷球练习动作将得到极大的改善。

3)经过一段挥击固定球练习后可进行多球练习,连续完成80~100个杀球。提高练习的强度和密度,有利于加强杀球动作技术的稳定性使动作定型。提高练习者的快速反应、脚步的快速移动、耐久力及对乱球的处理能力。

4)加强力量、速度、耐力、协调灵敏及柔韧性的体能训练。

(7)反手杀球。

1)在镜子前面做徒手挥拍练习,注意练习时的握拍使用反手握拍。

2)对墙挥拍练习,注意挥拍时拍面正面朝前。

3)击固定球练习,将一个羽毛球用绳子固定,然后挥拍去打球,注意拍面正面朝前。

(8)正、反手挑球。

1)熟悉正手挑球动作要领,镜前挥拍练习。

2)两人一组,一人抛网前,一人练习挑球。

3)同伴抛球于网前,练习者用正、反手将球挑起至对方底线。

4)同伴发球至网前,练习者用正、反手将球挑起至对方底线。

5)同伴从后场吊网前球,练习者用正、反手挑高球到对方后场。

6)同伴杀球至练习者中场,练习者用正、反手将球挑起至对方底线。

(9)正、反手放网前球。

1)熟悉正手挑球动作要领,镜前挥拍练习。

2)练习正反手握拍的转换,养成自动化意识。

3)两人一组,一人分别正、反手举拍在网前,一人持球抛向拍面,练习者感受拍面和球接触瞬间手腕的感觉。

4)多次练习颠球,正反手颠球转换。

5)两人一组,一人分别正、反手准备姿势站位,一人持球抛向拍面,练习者练习正反手放网。

6)两人一组,一人发网前球,两人互相放网练习。

(10)正、反手勾球。

1)熟悉正手挑球动作要领,镜前挥拍练习。挥拍注意正反手握拍的转换,注意食指伸直。

2)击固定球练习,将球固定在球网上,固定在练习者前方身体位置(吊球线的高度大约比练习者的肩高一点或者与练习者的肩同高),按照勾球的技术动作要领去击打球头进行勾球挥拍练习,体会勾球时击球的角度,力量的大小以及手指,手腕捻动球拍发力击球的动作等注意事项,然后挥拍击球。

3)多球练习原地勾球,原地勾球采用一对一多球练习的方式进行训练。练习者持拍原地站在右(左)前场区域网前区域,陪练者用多球固定定点向练习者网前的一个定点抛球,练习者在定向区域内不移动脚步进行定点线路对角线勾球。

4)一点移动上网勾球,一点移动勾球是在原地勾球的基础上加入步法的训练。练习者先进行选择是练习正手还是反手区域的练习。其次,练习者需要从球场中心利用并步或者交叉步进行快速移动至网前一侧进行击球。最后,在击打完球后利用并步回到中场,反复循环上述动作进行一侧训练。

5)两点移动上网勾球,两点移动上网勾球练习就是在一点勾球练习的技术上进行近一步巩固加深。区别点在于由原来向一侧定点移动变为了两侧定点移动。练习者需注意每次击球后回归中场启动后才可进行下一次的击球。

6)两人隔网对练,两练习者隔网面对面地站在网前区域内进行正手或反手的勾球对练。应注意对手回球时常会出现偏差,所以应适当注意身体要进行小范围移动,找寻最佳击球点并控制好手腕、手指的力量大小和球拍拍面的角度。

(11)正、反手扑球。

1)熟悉正手挑球动作要领,镜前挥拍练习。

2)击固定球练习,将球固定在一根线上,然后击打球 。

3)多球练习,一个人扔球一个人扑球练习。

(12)正反手推球。

1)熟悉正手推球动作要领,镜前挥拍练习。

2)击固定球练习,将球固定在球网上,然后使用推球动作去击球 。

3)多球练习,一个人扔球一个人练习 。

(13)挡网。

1)熟悉正手挡球动作要领,镜前挥拍练习。

2)挡网站位练习,身体重心要低。

3)一对一抽球练习,注意拍子时刻举起来。

4)多球练习,一个人发平球一个人练习挡球。

(14)抽球。

1)熟悉正手抽球动作要领,镜前挥拍练习。

2)对墙抽球练习。

3)一对一抽球练习。

4)多球练习,一个人发抽球一个人练习抽球。

(四)步法常见错误及纠正方法

1.移动判断错误

球的落点在后场却往前场移动;球的落点在网前却往后场移动;来球在左(右)方,却向右(左)方移动。这是比赛中最初级的步法错误。

纠正方法:这主要由于判断错误造成的,应多进行教学比赛,提高对假动作及出路线的辨别、判断能力。

2. 反应慢,移动慢

纠正方法:

(1)要养成良好的准备姿势,每击完一次球后,就要回中心位置做好准备姿势,尤其多强调提踵、屈膝和全身自然放松观察球。

(2)通过多球练习(或按手势指令)做反应起动练习。

(3)通过跳绳、跳石级、跳沙地、负重提踵等练习增强腿部、踝关节和下肢的力量。

(4)将各种步法练习正确,反复练。

3. 步法与击球动作配合不好,不协调

纠正方法:熟能生巧多练习跑动步法,击球时调整自身的平衡。后退时,最后一步右脚在后,重心在右脚上。向右侧移动时,重心在右脚上,向左侧移动时,可视情况左脚在前或右脚在前,重心应在前面一只脚上

4. 击完球站在原地等球,未养成立即回中心位置的习惯

纠正方法:

(1)看指挥者手势的指令,在羽毛球场上反复做起动、到位挥拍"击球"、回中场准备的练习。以上练习一般使用多球进行。

(2)中场放一个椅子,每次击完球要用球拍触碰椅子。

总之,羽毛球的训练手段有多种多样的。基本技术的练习方法也有很多种,例如像打多球、点控点、多打一等等训练都是提高综合能力的有效方法,以上方法主要起举一反三的作用。初学者在练习时,应根据自身的实际情况,循序渐进,科学合理地安排自身的练习。另外,最好经常观摩技术水平比较高的运动员训练或比赛,多看多学,这对提高自身水平会有非常好的作用。

三、常用练习方法与手段

(一)球性练习方法

1. 颠球练习

(1)正拍颠球。

方法:采用正手握拍法握住球拍,用球拍向上颠球。

要求:练习者尽可能站在原地不动。

(2)反手颠球。

方法:采用反手握拍法握住球拍,用反拍面向上颠球。

要求:练习者尽可能站在原地不动。

(3)正、反手颠球。

方法:采用正手握拍法握住球拍,用正、反拍面交替向上颠球。

要求:练习者尽可能站在原地不动。

(4)运动中颠球。

方法:在走、跑、坐等不同形势下进行颠球。

要求:在熟悉球性的基础上,增加击球的个数。

(5)向上击高球。

方法:用正、反拍面、运用手腕闪动的暴发力向上击球。

要求:按照规定动作往上挑,击打的越高越好。

(6)颠球接力。

方法:分组用颠球的方法,直行或蛇形(绕障碍)等方法进行接力。

(7)挥拍练习。

方法:用绳子把一个羽毛球固定在一个地方,高度以练习者自然站立手伸直接触不到球为标准,做正反手挥拍击球练习。

(8)挑球练习。

方法:正反手垂直向上挑高球,尽可能保持球直线上下,越高越好。

要求:放松,发力要集中,要有弹的感觉,引拍要顺畅。

2. 捡球练习

(1)按照学过的动作将球扔过网,实在不行就自抛、自接练习。

(2)用手中的球拍将地上的羽毛球挑起到球拍面上。

(3)捡球游戏。

1)一手持拍,一手拿纸篓,用手中的球拍将地上的羽毛球挑起装入纸篓。

2)一手持拍,一手拿空球桶,用手中的球拍将地上的羽毛球挑起,然后用空球桶接到。

(4)地面接球。

方法:用正、反拍面从地面把球接起。

(5)空中接球。

方法:用正、反拍面接住空中下落不同速度、不同角度的来球,体会来球与球拍接触的感觉。

3. 接球练习

(1)一球多人定位练习。

(2)两人对搓练习。

(3)三人三角定位对搓(如图 5-5)。

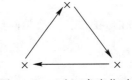

图 5-5 三人三角定位对搓

(4)两队对搓(见图 5-6)。

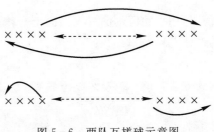

图 5-6 两队互搓球示意图

(二)综合练习方法

1. 直线高远球的练习

两人一组,半场对打高远球,目标为后场底线,打球时要放松。(熟练后可练一些直线后场平高球)。

2. 对角高远球的练习

两人一组,站对角线,两人对拉对角线高远球,目标为后场底线,不要怕失误。(熟练后可练一些斜线后场平高球)。

3. 网前球的练习

一人 20 个球为一组,正、反手各 6 组,一人扔球,一人练习搓或勾或推,二人轮流进行练习。

4. 直线吊上网搓球练习

甲在右半场(左半场)底线将球直线吊至对方网前,乙将来球回到甲的前场区,甲移动上网把对方回来的网前球搓回对方网前,然后乙再将球挑到甲的后场底线,甲再退至后场吊球后上网搓球。以此来练习双方的技术。

5. 斜线吊上网搓或勾球球练习

甲在正手(或左后场)底线将球斜线吊至对方的右(左)前场区,乙将对方的吊球回到甲方的左(右)前场区,甲上网搓球或勾球,乙再将球挑回甲方的右(左)底线,甲再退至后场吊斜线球后上网搓或勾球。如此循环练习。

6. 对吊上网

两人一组,甲方辟吊直线网前球,然后快速上网,将乙方回的网前球挑后场直线高远。乙方挡或放网,然后快速退向后场,再次劈吊直线网前球,这样就形成两人互相循环不断的吊上网练习。

7. 杀上网练习

进攻方将对方发(击)来的后场高球扣杀至乙方场区内,并快速上网接球,以各种网前击球技术还击对方放回的网前球称杀上网。(待熟练掌握技术之后即可进行不固定落点和路线的练习)。

8. 吊、杀上网练习

甲方在底线附近任意一点将乙方击(发)来的高球或杀球打到乙方前场区,乙方将球还击甲方的网前区,甲方上网做扑或搓、推、勾球;乙方再将球回至甲方后场,甲再吊或杀球……如此循环练习。

9. 直线斜线劈吊球练习

两人一挑一劈吊,挑球一方尽量将球挑到位,目标后场两边角,挑球时尽量往上挑,劈吊方的练习开始要追求质量熟练后逐步加快球的速度。二人按时间交替进行练习。

10. 杀球、接杀球的练习

刚开始杀球方不要追求力量,先要落点,准确性提高后,逐渐加力。接杀方可进行挡网和挑、抽后场的练习。挡网时注意拍面的控制,同时手臂不要过于紧张,要放松。挑、抽后场球时,击球点要尽量靠前一点,挥拍幅度不宜过大。

11. 半场打半场攻守练习

利用场地的半边,甲方以高远球、平高球、杀球或吊球来进攻乙方,乙方则主要以高远球和挡网、放网前球来防守。这样,乙方为甲方提供了进攻的机会,而乙方也能在对方的进攻下,进行各种防守的练习。

12. 全场打全场攻守练习

要求和方法同上。只是练习者在全场打全场还可用二打一的形式进行,即以两个人为一方以防守为主,一个人为一方以进攻为主。亦可调换攻防技术进行训练。

13. 二控一练习

需要三人交替进行练习,目的:提高个人全场跑动和基本控球能力。

两人方:一人站在网前,只负责网前球。为保证对面练习者跑动时的连续性,不要求回球质量很高。另一个人在后场(最好这个人水平略高一些的),打各种球给对方,尽量多使用进攻。

一人方:模仿实战,尽量做到回球到位,追求落点。尽量把球打到后场去,可以偶尔过渡到网前。

第六章　羽毛球专项身体素质练习方法与手段

身体训练是指运用各种身体练习的方法和手段有效地影响人体各组织、器官机能、代谢及形态结构，从而达到促进健康、提高竞技能力的目的。在运动训练中，常以发展运动员的身体素质作为身体训练的主要内容，即着重发展运动员的力量、速度、耐力、柔韧等素质，羽毛球项目对身体素质的要求是相当高的，在抓好全面身体素质训练的基础上，要着重发展专项身体素质。

第一节　速度训练

羽毛球运动的速度主要指挥拍速度、出手速度、反应速度、场上移动速度等。加快速度是为了能在比赛中取得主动，获得进攻的机会，让进攻与防守、前场与后场、拍与拍之间能够更加快速，让我方的球路更加连贯、衔接紧凑，以防止脱节、松散。所以，必须重视速度素质的训练。

一、一般反应速度练习方法

反应速度是指刺激及对刺激所产生的第一次动作反应所需的时间。据研究认为，影响反应速度的因素较多，但主要受遗传的影响较大，比较难改善。从事各种球类活动，实际就是一般性的速度训练。提高反应速度练习方法：

(1) 对教练员突然发出的声音（哨声、击掌声）等信号做出快速准确的动作反应。

(2) 移动目标的视觉反应练习。练习者在看到目标后，迅速做出应答反应。从事射击、击剑、球类运动时运用较多。因为练习者要根据对目标移动的方向、速度、高度的预测，决定自己的起动、站位和采取正确的对策。参加体育锻炼的人，反应一般较快，就是通过体育运动提高了反应速度的缘故。

(3) 选择性练习。一般来说，当我们听到"跑"的口令时一般会跑出去，但是选择性练习却要求听到"跑"的口令后，立即"卧倒"（或做其他动作)，听到"走"的口令后,做"原地跑"练习等。练习前把几种信号规定好,练习时发出任何一个信号时,练习者要做出符合规定的反应。

二、动作速度练习

(1)按慢—快—最快—快—慢的节奏进行原地 3s、5s、8s、6s、4s 小跑步、高抬腿跑。

(2)快速跑楼梯台阶。

(3)快速立卧撑。

(4)快速跨越障碍物(羽毛球筒)——6 个羽毛球筒一条直线排开,两球筒之间距离 3m。

(5)15s 快速并步、交叉步、跳步结合专项技术步法移动练习。

三、移动速度练习

(1)各种距离(30m、50m、100m)的冲刺跑。

(2)50m 折返跑(要求转身时快速)。

(3)越过障碍物的速度练习——以最快速度通过 30m 范围内的所有障碍物(球筒)。

(4)听口令前后跑—听到一声向前冲刺,听到两声后退跑。

(5)击掌接力跑,接力跑之前两个人需要击掌后,另一个人才能跑。

四、挥拍速度和提高挥拍速度的练习

(1)利用外界助力来加快练习挥拍速度。如挥拍练习中弹力带帮助练习者增加阻力、弹力来练习挥拍的速度。

(2)减少阻力。如挥空拍(没有穿线的拍)。

(3)增加阻力、重量。如挥重拍或者拍头套一个拍袋,通过增加阻力来练习挥拍速度。

(4)听口令冲刺,听到口令以后快速做出反应并向前冲刺。

(5)听哨音变速跑,听到一声口令冲刺,两声口令慢跑。

(6)听口令变向跑,在快速移动中听到口令后马上改变方向冲刺。

(7)听口令快速转身变向跑,听到口令后快速转身进行冲刺。

(8)听、看信号后突然做出相应的动作,如教练员喊 1,2,3,4 中某一个数字时,运动员应及时做出事先规定的相应动作。

(9)原地或行进间高抬腿接冲刺跑练习,原地高抬腿数次,听教练员口令迅速由原地或行进间高抬腿变加速跑。

第二节　力量训练

　　力量素质是身体素质的基础,羽毛球虽然不是依靠绝对力量的项目,但是也应该要具有一定的绝对力量,在绝对力量的基础上发展速度力量和力量耐力,从而具有保证比赛时所需要的较强动作发力和长时间的跑、蹬、跳、跨以及上肢的连续击球动作的能力。发展速度素质是羽毛球运动训练的核心,它着重要求要具有快速的反应速度、动作速度(动作频率)和急停、急动的变向、变速的移动能力。随着技术水平的不断提高,多拍次数增多、比赛时间增长,运动员需要承受50~90分钟激烈比赛的体力要求,速度耐力对羽毛球项目的意义越显重要,这就要求运动员要有较好的有氧代谢能力。在抓主要身体素质的同时,不应忽视其他身体素质的训练,尤其是柔韧性的训练,柔韧性的训练最好是从儿童时期就开始,发展羽毛球项目所需要的肩、腕、腰、髋、踝等关节的柔韧素质,这是非常重要的素质,否则随着年龄的增大,就容易造成肌肉僵硬、动作幅度缩小、韧带僵硬,从而影响技、战术水平的进一步提高。

一、专项力量练习的手段

(一)上肢力量练习

　　(1)羽毛球掷远、掷垒球、扔沙包练习。

　　(2)手腕力量练习——手持哑铃位于体前或体侧做绕8字练习。

　　(3)挥拍练习——挥网球拍或重拍,重点进行手指、手腕的各种击球动作练习,加快挥拍的速度以发展出手的速度和球的速度。

　　(4)颈后举练习——手持哑铃,自然站立,持哑铃的手自然后引,当手臂位于身体颈部位置时,手肘朝前,就像高远球的引拍动作,通过手腕带动小臂向前向上甩动,从而发展手臂力量。

(二)躯干力量练习

　　(1)腰背力量练习,双手握杠铃自然直立,弯腰时双手握杠铃下落,当杠铃接触地面时迅速挺直腰部将杠铃上提发展背部力量。

　　(2)负重仰卧起坐:将杠铃片双手抱于脑后做仰卧起坐。

　　(3)负重俯卧挺身练习——俯卧于垫上,两手握住杠铃片位于胸前,头部和上体后仰。

　　(4)负重转体——双手握住杠铃片,上半身挺直,两腿与肩同宽,分腿站立、身体向左、右旋转。

(5)传、接球练习——两人背靠背分腿半蹲站立,其中一人手拿实心球,两人同时朝一个方向转体,当转到最大角度时将球传给另一个人,然后换一个方向继续练习。

(三)下肢力量练习

(1)负重深蹲——下蹲时速度要慢,起立时速度要快,练习腿部爆发力。
(2)负重半蹲提踵:下蹲时保持腰背挺直,慢下快起,起的时候踮脚尖。
(3)负重跨步练习:肩负杠铃片,然后向前方做弓步压腿,要求上半身挺直。
(4)负重半蹲跳:肩负杠铃片做半蹲跳,要求腰部力挺、不塌腰、不低头。
(5)跳绳练习:定时双摇或定数双摇。
(6)弓箭步前行、蛙跳、半蹲跳。
(7)跳台阶练习:单腿台阶跳、双腿台阶掉跳、左右腿交替台阶跳。

二、力量素质练习的方法

虽然大部分力量素质都有其独特的练习方法,但是力量素质训练还是有一些共同的练习形式。

(一)负重抗阻力练习

这是一种适用于机体任何一个部位肌肉群都可以练习的方法。它主要是依靠负荷重量和练习的重复次数来刺激机体从而提升相应部位肌肉的力量素质。负重抗阻力练习的方法有非常多,负荷的重量及练习的重复次数需要根据练习者的实际情况来定,这种练习方法是身体素质练习中最常用的一种。

(二)对抗性练习

这种练习对于练习者双方的力量有一定的要求,练习者双方力量应该相当,这样练习时才不容易受伤,练习者双方通过互相对抗来发展不同肌肉群的力量,以短暂的静力性等长收缩来提升力量素质,常用的练习方法有双人互顶,双人互推、拉等。对抗性练习基本上不需要借助其他器械或设备,受场地限制小、安全,而且有趣,因此十分容易引起练习者的兴趣。

(三)借助弹性物体弹力的练习

这是一种通过依靠弹性物体形变而产生弹力来提升练习者力量素质的练习方法,比较常用的器具有弹力带、弹簧拉力器、橡皮带等等。

(四)利用外部环境抗阻力练习

这是一种在沙滩、深雪地、草地、水中等阻力非常大的环境中练习身体素质的方法,做这种练习要求轻快用力,所用的力量往往比在平时运动时所需力量更大,同时在练习时不仅要发力还需要克服各种外力来完成练习。

(五)自重训练

这是一种通过借助自身重量来发展力量素质的练习方法,练习主要是通过人体四肢的支撑来完成练习,迫使机体的局部肌肉来承受自身的重量,从而锻炼该局部肌肉,使得该局部部位肌肉的力量得到提升。例如俯卧撑、引体向上、倒立推进等。

(六)利用特制的力量练习器的练习

这是一种通过使用特制练习器来进行练习的方法,可以让练习者的身体通过各种不同的姿势(坐、卧、站)来进行练习。它不但能直接提升相应部位的肌肉群力量,还可以减轻练习者的肌肉负担,能有效避免伤害事故的发生。另外,还有通过电刺激来提升肌肉力量的练习器。

第三节 耐力训练

一、有氧耐力锻炼

发展有氧耐力(或称一般耐力)主要是提高心肺功能水平,有氧耐力的主要指标是最大摄氧量。即运动时每分钟能够吸入并被身体所利用的氧气的最大数量。

发展有氧耐力常用的方法有:

1. 定时跑

在场地或者田径场中做 12min 的定时跑,运动强度可达到自己 3 000m 最好成绩的 60%。

2. 定时跑距离

在场地或田径场做定时跑距离的练习。如要求在 14～20min 内跑 3 600～4 600m,运动强度为 50%～60%。

3. 变速跑

在场地上进行冲刺加慢跑的组合练习,跑动距离需要根据专项任务与要求决定。比如 100m(200m)快、100m(200m)慢也可以采用 800m 快跑、400m 慢跑等变速跑。练习次数、间歇时间可根据练习者的运动水平决定。一般通过心率来控制强度,快跑阶段心率控制在 140 次/min 左右,慢跑阶段心率恢复到 120 次/min 以下,间歇时心率恢复到 100 次/min 以下,开始进行下一组练习。

4. 重复跑

在塑胶跑道上进行,重复跑的距离、次数与强度需要根据专项任务与要求确定。发展有氧耐力重复跑强度不用太大,跑距可以适当长些。一般重复跑的距离为 200m、400m、600m、800m 等,练习次数一般为 6 次。

5. 法特莱克跑

在跑道、田野、公路上进行跑动练习,它是自由变速的越野跑或越野性游戏。最好是在公园、树林中进行,练习时间约为 30min,也可以时间更长些,运动强度为 50% 左右。

6. 计时走

在跑道、公路或其他自然环境中按规定时间做自然走或稍快些自然走,练习时间约为 30~50min 左右,运动强度为 50%~60%。

二、无氧耐力训练

无氧耐力又称专项耐力,是体能类、技能对抗类竞技体育的基础。

发展无氧耐力的方法:

1. 原地高抬腿跑练习

上半身稍稍前倾,原地快速做高抬腿练习。如果是发展非乳酸性无氧耐力,可以采用做每组 7s、13s、25s 的快速高抬腿练习,做 6 组。间歇 1min,运动强度为 90%~95%,要求高抬腿越快越好,如果是发展乳酸性无氧耐力,则可以做 30s 原地高抬腿练习,或 150 次为一组,练习 5 组,每组间歇 3min,运动强度为 80%,练习时要求动作规范。

2. 原地高抬腿接加速跑

首先进行原地高抬腿练习听到口令后快速启动冲刺跑 30m,重复 5 组,间歇 3min,运动强度为 80%~85%。

3. 原地跳高接冲刺

首先自然直立,听到口令以后开始原地跳跃,听到"跑"的口令后快速启动冲刺跑 30m,每组 4 次,重复 4 组,每次间歇 1min,组间歇 3min。

4. 冲刺跑

冲刺的距离分别为 30m、50m、80m、100m、120m 等。练习次数、组数需要根据距离的长短及运动员实际情况而定,一般每组 4 次,重复 5 组,组间歇 4min,运动强度通过心率控制,如短于专项的距离冲刺练习,练习时心率应达 180 次/min,间歇到练习者心率恢复至 120 次/min 时,就可以进行下一组练习,如果要发展肌肉耐力,则练习距离要长,强度可以小一些。

第四节 柔韧训练

柔韧性训练一般分为主动柔韧性练习和被动柔韧性。主动柔韧性是指通过依靠相应关节周围肌群积极工作,来完成大幅度动作的能力。主动柔韧性训练能够加强练习者的柔韧能力,也起到发展柔韧素质的作用。例如训练正、侧、后踢腿时,要求练习者的腿尽可能踢得高、动作幅度大、踢腿速度快而有力,达到既有柔性又有韧性的效果。反过来,力量素质的发展又能促进"主动柔韧性"水平的提高。被动柔韧性是指练习者被动用力(或借助外力)时,韧带所能达到的最大活动幅度,如:让别人帮忙压腿练习。被动柔韧性练习是发展主动柔韧性的基础。

一、柔韧训练要点

1. 充分准备

自然呼吸,然后慢慢伸展身体,从头部开始拉伸,慢慢地转到身体各部位,动作缓慢轻柔。起床前,可先用 2~3min 充分伸展身体,先伸伸手臂再抬抬腿,接着伸伸"懒腰",全身伸展,帮助肌肉"苏醒"。

2. 循序渐进

刚开始拉伸时不要太用力、幅度不要太大,否则很容易拉伤肌肉。要注意拉伸的节奏,做到循序渐进,持之以恒,不要停停练练。动作要求自然连贯协调,不能使用爆发力拉伸,否则很容易拉伤肌肉。练习者不要过度追求柔韧性,否则会影响肌肉的爆发力。

3. 强度适中

练习的时候一定要注意自己身体的感受,如果感到动作不舒展或者肌肉疼痛难忍,则表明拉伸幅度太大已超过了自己的拉伸范围(练习时有紧凑感是正常现象)。

4. 动静结合

静力性练习每次持续 20s。当某部位韧带拉伸一定时间(数秒钟)后,紧接着就要做该部位的动力性拉伸练习,这样可以保持肌肉良好的弹性,增强中枢神经系统对肌肉活动的调节能力,练习者还要注意结合自身实际情况的需求发展柔韧性,要多做动力性拉伸练习,不断变换姿势和拉伸部位。

5. 整体训练

不能单独、孤立、片面地练习某一部位的柔韧性训练,而应该重视全身各部位的柔韧性训练,整体柔韧性提高了才能提高身体的运动能力。

6.体会感觉

练习时不仅要调节好呼吸,注意力集中,而且要仔细体会动作姿势"感觉"到动作准确到位以后,效果才会出来。

二、柔韧素质训练方法

1.压肩练习

身体面向肋木,双手手扶肋木双手压肩或单手压肩练习。

2.俯背屈体练习

自然站立,两脚与肩同宽,两臂以稍比肩宽的距离斜上举,上身尽量前屈,双手先在左膝后面击掌,然后再换成右膝后击掌,依次重复练习同样的动作。

3.伸展练习

自然站立,两脚与肩同宽,两臂在胸前掌心向下做水平屈展动作,上体再向左转,两臂同时向两侧伸展开,振臂拉长韧带,再向右侧做同样的动作,反复练习。

4.振臂练习

自然站立,上体稍稍前屈,两臂后振,随后恢复到准备姿势,然后再开始第二次练习。

5.俯背触摸脚尖练习

自然直立,两腿并拢,双手交叉躯干下俯手指尖触脚背,反复多次。

6.双人侧向或面向压肩

两人面对面手扶对方肩做体前屈压肩练习或双人侧向拉肩。

7.压腿练习

平地上有弓步正压、侧压,也可以借助台阶等器械辅助,将韧带拉到极限的时候静止 10 秒以上,然后放松。

第五节 核心力量训练

核心力量训练指的是人体中间区域的力量训练。所谓"核心"是人体的最重要的中间环节,具体是指肩关节以下、髋关节以上包括骨盆在内的区域,是由腰、骨盆、髋关节形成的一个整体。核心肌肉群担负着稳定身体重心、传递力量等作用,是整体发力的中间环节,对上下肢的活动、发力起着承上启下的枢纽作用。在羽毛球运动中,稳定而强有力的躯干核心力量支撑是非常重要的,甚至可能成为决定比赛胜负的关键因素。比如运动员挥拍时,核心区肌群不仅提前收缩为四肢发力建立支点,同时核心区力量的大小还决定了四肢力量投入的程度。在羽毛球击球动作中,每次击球的力量从蹬地产生,随之通过肩、腰、髋、腿、脊柱,最终由手臂传递到球拍,完成击球动作,核心区域就是四肢的衔接的枢纽,该环节的稳定性,不仅影响四肢动作发力,还影响到全身动作技能的正确与否和动作的完成质量。

一、核心力量在羽毛球运动中的作用

(一)维持平衡,增强转体

运动员在比赛过程中完成空中转体或大力扣杀等技术时,强大的核心力量帮助运动员完成了空中滞留时间,增强了卷腹动作或转体的爆发力。提供支撑,伸展发力。

(二)保护重心,避免损伤

羽毛球运动的损伤普遍与核心力量不足有较大的关系。上肢与下肢的受伤几率较高,但究其原因主要是由于重心偏移,导致在快速移动、腾空落地、快速转体后的重心失衡,引起在关节处发生着力点不均衡的运动损伤。核心肌肉发展中的柔韧性训练,以满足每个羽毛球运动员的个人需求,降低受伤概率和提高功能柔韧性。

(三)减少运动的能量消耗,提高得分效率

核心部位较大肌群起到保护身体的作用,这些肌肉群具有很高的产能和较大的储能。羽毛球这项运动,需要靠核心肌群将能量由中心区域传递到四肢,从而提高运动的准确性。羽毛球运动中很多发力都需要依靠蹬脚来实现,然后由上肢来实现力量的输送,而这些力量又都依靠核心肌群的力量来传递。同时核心力量是羽毛球步法和移动的重要保障,在移动过程中能使得小腿肌肉更加放松,降低体能的消耗,让运动员更好的将精力放在击球上,以提高比赛的得分效率。

(四)提高羽毛球运动员的核心肌耐力

核心肌耐力是羽毛球运动员的重要身体素质,因为羽毛球比赛会出现持续2~3h的对抗,每个动作和击球中都需要使用到核心肌肉。

二、核心力量训练方法

(一)俯卧平板支撑

动作方法:俯卧撑姿势准备,肘关节弯曲。前臂紧贴地面,同时手肘和手掌都平放在地面。手肘在肩膀的正下方。保持肩膀和肘关节垂直于地面。双脚踩地,调整脚趾,允许脚趾弯曲,收紧腹部和臀部,即收紧腹肌和盆底肌,双眼正向看着地面,保持呼吸匀称。

(二)侧向拱桥

动作方法:以身体右侧躺在地面上,双腿伸直,右掌放在地板上,双脚并排叠放。右臂伸直,使右手在右肩正下方,并将另一只手放在对侧肩部。保持该姿势一定的时间,然后以身体的另一侧重复该过程。

(三)俄罗斯转体

动作方法:上半身挺直,双手十指交叉相握掌心合并,向前伸直,坐在垫子上,身体向后仰,背部与地面约成45°。双腿弯曲,双脚触地。腿部姿势保持不动,上半身尽可能向右转,左手触摸右膝处。停顿1~2s,身体转向左侧,右手伸触摸膝处。注意:此动作过程中,双脚始终悬于空中。

1. 抬脚俄罗斯转体

动作方法:上半身挺直,双手十指交叉相握掌心合并,向前伸直,坐在垫子上,身体向后仰,背部与地面约成45°。双腿弯曲,双脚触地。腿部姿势保持不动,上半身尽可能向右转,左手触摸右膝处。停顿1~2s,身体转向左侧,右手伸触摸膝处。注意:此动作过程中,双脚始终悬于空中。

2. 健身球俄罗斯转体

动作方法:上身平靠在健身球上,双手掌心合并,向上伸直,膝盖弯曲,双脚脚掌平贴于地,臀部抬起,身体从膝盖到肩膀成一条直线。脚部位置不变,上半身尽可能向右侧转动。注意:过程中,腹肌始终绷紧。停顿1~2s,上半身转向左侧。

(四)仰卧摆腿

动作方法:仰卧在软垫上,双腿抬起,大小腿成90°角,让大腿最大可能贴近腹部,保持数秒,再伸腿,保持大腿与地面成30°~45°角,重复进行。

每次锻炼可以进行2~3组,每组15~20次。对于腹部肌肉有很好的锻炼作用。

(五)俯卧撑或健身球俯卧撑

动作方法:健身球俯卧撑。两手打开放在健身球上,手在肩的下方,初学者可以采用手肘放在球上的方式降低难度,或者可以两脚分开宽一些。向下落的时候,不要让胸部碰到球。起来的时候,肘关节不必伸直,保持身体从头到脚是一条直线,腹部收紧,不要塌腰。

(六)卷腹

动作方法:首先平躺在地板上,下背部贴在场地上,双手放在头侧,双臂打开,将腿抬起,缓慢进行蹬自行车的动作,在蹬的过程中用右肘关节触碰左膝关节,再用左肘关节触碰右膝即可。

1. 反向卷腹

动作方法:仰卧躺在地板上,下背部紧贴地面,双手放在身躯两侧,双腿抬起与上身呈 90°,双腿交叉,膝关节微屈。收紧腹部肌肉,然后呼气略微抬起臀部,下背部略微离地,保持 3s,然后慢慢还原到开始姿势。

2. 瑞士球卷腹

动作方法:躺在健身球上,下背弯曲挤压在球面上。双脚稳固的踩在地面上,膝盖弯曲。上身在健身球的上部。开始姿势:身体降低,使之处于拉伸状态,脖子始终保持不动。

臀部固定不动,收腹弯腰,肩膀向上抬直到感觉腹部收缩到位。如果手臂在身体两侧,手臂应当向上滑到腿部,如果手臂交叉在胸前就一直放在胸上。下背要始终与健身球接触。在该过程中保持一秒钟。然后回到开始姿势。

3. 瑞士球侧向卷腹

动作方法:侧卧在瑞士球上,脚紧贴在地板上,将指尖放在太阳穴上,双肘远离身体,然后在舒适的情况下尽量将下面的肘部向下靠。保持指尖按在太阳穴,提升上面的肘部,让躯干尽可能侧弯,收缩腹斜肌,然后沿着相同的路径回到开始位置,执行该侧预定的动作重复数次,然后以身体的另一侧重复动作。

4. 瑞士球旋转卷腹

动作方法:坐在瑞士球顶部,双脚与肩同宽。向前移动双脚,直到下背部稳定靠在球上,双手放在胸前,上背部和肩部乡下靠在球上。尽可能将上背部和将不从球上抬高,将躯干转向一侧,降低身体落在球上,收缩腹部,沿着相同的路径回到原点。重复预订的次数,每次重复换另一侧身体执行动作。

(七)仰卧两头起

动作方法:仰卧在垫子上,双脚着地,腿部曲起成 45°。双手交叉放在胸前或者轻轻放在头的两侧。收缩腹部,双腿和头部同时向腹部靠拢,收紧。在双腿和头部靠的最近的时候停留大概 3s,然后慢慢回到初始位置,在肩膀和脚着地的时候停止,注意头部不要着地。

(八)仰卧空中蹬车

动作方法:仰卧在地面上,下背部紧贴着地面。双手放在头侧,手臂打开。将腿抬起,缓慢进行蹬自行车的动作。呼气,抬起上体,用右肘关节触碰左膝,保持姿势 5s,然后还原。再用左肘关节触碰右膝,同样保持 5s,然后慢慢回到开始姿势。

(九)平衡垫站立

动作方法:一只脚站在平衡垫或软垫上,保持身体平衡。进阶动作可以将眼睛闭上,这样对于本体感受神经的刺激会更为强烈,会给核心稳定带来更多的挑战。

(十)单腿蹲

动作方法:一只脚站立,屈髋向下蹲,站立时保证支撑脚全脚掌着地。增加难度的时候可以站在平衡垫或软垫上完成下蹲动作。

核心力量方法手段有多种,可以借助训练器械,也可以采用简洁的自重训练,有静态的训练手段,也有动态的训练方法,练习的过程中,只要遵循锻炼的基本原则,就会收到意想不到的训练效果,对羽毛球技术的掌握以及比赛的胜出起到关键的作用。

第七章 羽毛球运动常见损伤和预防

运动损伤(Athletic Injuries)指运动过程中发生的各种损伤。其损伤部位与运动项目以及专项技术特点有关。了解常见的运动损伤,及时做出保护措施,能够尽量降低运动员受到伤害。

第一节 常见的运动损伤

一、常见运动损伤的分类及处理

1. 肌肉拉伤

肌肉拉伤指肌纤维撕裂而致的损伤,主要由于运动过度或热身不足造成。可根据疼痛程度了解受伤的程度,一旦出现疼痛感应立即停止运动。局部冷敷处理,可在痛点敷上冰块或冷毛巾,保持30min,以使小血管收缩,减少局部充血、水肿。切忌搓揉按摩及热敷,至少24h,不沾热水,不洗热水澡。大约48h后要热敷,促进血液循环。

2. 扭伤

由于关节部位突然过猛扭转,以致扭到了附在关节外面的韧带及肌腱。

(1)急性腰扭伤。可让患者仰卧在垫得较厚的木床上,腰下垫一个枕头,先冷敷,后热敷。

(2)关节扭伤。踝关节、膝关节、腕关节扭伤时,将扭伤部位垫高,先冷敷两三天后再热敷。如扭伤部位肿胀疼痛、皮肤青紫,可用陈醋半斤炖热后用毛巾蘸敷伤处,每天2~3次,每次10min。

3. 脱臼

即关节脱位。一旦发生脱臼,应嘱伤者保持安静、不要活动,更不可揉搓脱臼部位。如脱臼部位在肩部,可把伤者肘部弯成直角,再用三角巾把前臂和肘部托起,挂在颈上。如脱臼部位在髋部,则应立即让伤者躺在担架上送往医院治疗。

4. 挫伤

由于身体局部受到钝器打击而引起的组织损伤。轻度损伤不需特殊处理，经冷敷处理24h后可用活血化瘀叮剂，局部可用伤湿止痛膏贴上，在伤后第一天予以冷敷，第二天热敷。约一周后可吸收消失。

5. 骨折

一种是闭合性骨折，皮肤不破，没有伤口，断骨不与外界相通。另一种是开放性骨折，骨头的尖端穿出皮肤，有伤口与外界相通。

对开放性骨折，应用消毒纱布对伤口作初步包扎、止血后，再用平木板固定送医院处理。骨折后肢体不稳定，容易移动，会加重损伤和剧烈疼痛，可用木板、塑料板等将骨折部位的上下两个关节固定起来。

二、降低运动损伤的有效手段

(一)准备活动

1. 从生理学角度来看

热身运动可增加肌肉收缩时的速度和力量；热身运动可改善肌肉协调能力；热身运动可预防或减少肌肉、肌腱韧带的伤害；热身运动可以改善肌肉的黏滞性；体温上升，可以刺激血管扩张，使活动部位的局部血流增加；血液的流速和流量随肌肉温度上升而增加，能源的供输和代谢物的排除，因而改善。

2. 从心理学角度来看

1954年和1961年，Malareki和Massey分别做了热身运动对成绩影响以及预防伤病的实验。Malareki观察运动员如能"想象"做过热身，则运动成绩获得进步；Massey等人进行一项有关心理的有趣研究——受试者从事热身运动，但随后又加以催眠，使他们忘记刚刚做过了热身运动，结果显示，运动能力皆未获得改善。由此可见做"热身运动"，可使运动者产生心理的作用而影响运动成绩的表现，此外运动者也会较具信心，同时可避免运动伤害的产生。

(二)掌控准备活动的负荷

热身运动的强度和持续时间必须因个人体能情况而异，也必须因项目的不同而有所调整。一般来说，身体微微出汗，便可以结束热身运动，也可用心跳次数做为热身运动结束的标准，一般比安静时心跳增加60~80次/min。

大致上热身运动进行的时间在10~40min左右，依据年龄、竞技或非竞技、运动项目、个人体质差异、季节及气温不同，热身运动所需的时间也会不同。

(三)运动中的自我监控

1. 主观感觉

主观感觉主要指在运动自我感觉的状况,主要包含一般感觉、运动心情、不良感觉、睡眠、食欲、排汗量等6个方面。

适宜的运动量:运动后感有微汗,轻度的肌肉酸疼,休息后即可恢复。次日精力充沛,有运动欲望,食欲和睡眠良好。

运动量过大:运动后大汗淋漓,胸闷、气喘、易激动、不思饮食。脉搏在运动后15min尚未恢复常态。次日周身乏力,酸疼,应及时调整减量。

运动量不足:运动后身体无发热感,无汗。

2. 客观检查

(1)脉率。经常参加体育运动的人,安静时的脉率较慢。脉率与锻炼水平有关,一般经过半年锻炼后可下降3~4次/min,经过一年锻炼后可下降5~8次/min。这主要是通过系统锻炼,使支配心脏的交感神经张力下降,迷走神经张力相对占优势的结果。如发现比平时增高达12次/min或以上,常表明机能反应不良。如有节律异常应进行心电图检查。

(2)体重。当参加系统的体育运动后,体重变化的情况可分以下为3个阶段。

第1阶段:体重有逐渐下降的趋势,这是由于机体失去过多的水分和脂肪的结果。这个阶段一般持续3~4周,在此阶段内,体重一般下降2~3kg,即相当于自身总重量的3%~4%,对体型较胖或参加系统锻炼前较少活动者,体重下降的幅度还要大些。

第2阶段:体重处于稳定。在此期间,运动后减轻的体重在1~2d内得到完全恢复。

第3阶段:即因肌肉等组织的逐渐发达,体重有所增加,并保持在一定的水平上。

(3)运动成绩。

坚持进行合理锻炼,运动成绩能逐渐提高或保持在较高的水平上,动作的协调性好。如果照常锻炼而成绩没有提高甚至下降,运作协调性破坏,熟练的动作不能完成,则可能是功能状况不良的反映或是早期过度锻炼。

(四)运动后的恢复

1. 饮食

有研究发现,当人体感到疲劳或大运动量锻炼后,给予100~150g葡萄糖,以补充运动中热能的消耗,可促使肝糖元的储存、预防脂肪肝,并且有恢复血糖水平、加速消除血乳酸的作用。帮助恢复体力的食物不仅仅是针对比赛后的,平时训练完后也同等重要。经常从事长时间,高强度训练的运动员应该每天不断地补充所消耗的肝糖,水分和钾。而且,碳水化合物和水分应该尽可能快地在训练后 30min 内补充上以便迅速恢复体力。

2. 温水浴

锻炼后进行温水浴,由于热水的温热作用,可以改善血液循环,加速代谢废物的排出过程。

3. 运动后按摩

运动后按摩是消除疲劳的重要手段。按摩的主要手法有抖动、点穴、揉捏、叩打、推摩等。首先是抖动四肢,主要是放松肘、膝关节以及四肢肌肉群;上肢常用点按穴位有偏历、曲池、手五里、臂月需等穴,可解除手臂、肘部的酸痛和肿痛,以及肩臂痛、颈项拘挛等运动后造成的各种不适症状。下肢常用点按穴位有承扶、委阳、承山、昆仑、足三里等穴,可解除腰骶臀股部疼痛、腿足挛痛腰腿拘急疼痛、项强、腰痛、膝胫酸痛等症状。揉捏叩打时,先推摩大肌肉,后推摩小肌肉,一侧推摩后,再推摩另一侧。如是相互间进行全身推摩。背部的俞穴多位于脊椎旁开 1.5 寸处,推摩放松多以脊椎旁开 1.5 寸处和肩部的肩外俞、肩井、肩胛骨处的天宗为主,可解除背部疼痛、颈项强直。几种手法结合可起到良好的放松效果,且恢复快。

4. 运动后拉伸

运动过后的拉伸,可以继续加速血液循环,缓解肌肉的这种胀痛与僵硬的感觉,有助于肌肉的快速恢复,可以快速的缓解肌肉疲劳与酸痛感。

5. 充足的睡眠

睡眠是消除疲劳最根本和最有效的方法之一。没有良好的睡眠作保证,人体的疲劳就无法消除。因此,经常参加锻炼的人,要保证有充足的睡眠时间和良好的睡眠环境。一般每天至少保证 8h 的睡眠时间。

第二节 羽毛球专项运动中运动损伤的预防与处理

羽毛球运动中的运动损伤是指在日常羽毛球训练中及比赛过程中,由于技术动作不规范,身体素质差,准备活动不充分及过量运动导致肌肉和关节骨骼的各种损伤。

损伤的部位往往与运动项目及专项技术的特点有直接关系。

一、常见的损伤种类介绍

(一)关节的损伤

1.肩袖关节损伤

羽毛球运动中,击球技术是最核心的技术环节,而肩关节是击球技术中的最重要的参与关节,高远球、平高球、杀球、吊球等技术的击球点都在身体的上方或前上方,在击球过程中,肩关节起到了连接身体和上肢的作用。击球过程中,肩关节带动身体,完成击球鞭打动作,蹬转的同时,以肩部为轴,上臂带动前臂,前臂内、外旋击球。肩部是受力和传递力的关键位置,承受转体和拉伸的双重力量,因此要求肩关节具有极高的柔韧性和稳定性。

(1)肩袖关节损伤原因。肩关节损伤是在羽毛球运动中多发的一种损伤。其主要原因在于:

1)练习者局部训练负荷过大,由于羽毛球技术特点,比赛或练习时,劈杀等反复动作,使得组成肩袖的四块小肌肉常处于离心性超负荷状态,并受到反复碰撞,再加上部分练习者肌肉力量、柔韧性相对较差,忽视肩部肌群的力量训练,加之训练不系统、手段单一、内容单调,致使局部负担过重,从而造成肩袖损伤。最常见为冈上肌腱炎,肩胛下肌及小圆肌损伤。反复的损伤使肩关节稳定结构破坏或动力装置失衡而导致肩峰下撞击征。因此,肩关节进行重复无数次这种运动时,使得组成腱袖的四块小肌肉长期处于离心性超负荷状态,从而造成肩袖损伤。

2)技术动作错误或不合理,羽毛球运动中杀球技术,要求动作快速和其鞭打动作。如果不合理的蹬地转肩和引拍摆臂动作,容易造成动作不协调,违反了机体结构特点和力学原理而导致损伤。

3)准备活动不足和赛后恢复拉伸动作缺乏,运动前,忽视肩关节的准备活动,而承受不住大运动量的训练,赛后羽毛球运动中训练肩部肌群负荷最大,训练后由于缺乏放松练习和牵引练习,往往造成肌肉疲劳积累。

(2)肩袖关节损伤的处理。

1)轻度损伤:轻微疼痛,尤其是肩的前部和顶部一触即痛。但短时间可好转,可能肌腱轻微发炎,可用冰块或超声波治疗,按摩肩膀前部穴位,能够减轻疼痛并有消肿作用。

2)中度损伤:肌腱发炎更为显著。运动开始突发疼痛,但随后疼痛感逐渐消失。疼痛感交替进行,此时的治疗方法与初期相同,同时采用针灸、理疗此外,在训练中应减少杀球的挥拍练习或取消高球技术训练以减轻肩部肌肉的负担。若关节运动受限,可采用关节被动运动手法和抗炎症药疗,

3) 重度损伤：其炎症程度加大，明显感觉经常性疼痛，并且一触即痛，晚间更甚。应马上休息，辅之理疗和抗炎症药疗相结合的手段，直至恢复到初、中期的症状，才能允许参与训练。

(3) 肩袖关节损伤的改善措施。

练习过程中提高肩关节灵活性和柔韧性，并且强化肩带肌肉群力量，增强肩关节稳定性。而且在击球中，还要充分掌握正确的发力方法和顺序，在发力技巧方面，控制好肩关节运动的幅度和肩关节运动的方向，发力效果达到最佳。

1) 肩关节屈伸、内收外展练习。站立位肩关节做前后屈伸运动，完全伸展，交替进行，或肩关节外展 90°，肘部屈曲，做最大范围的水平内收外展运动，交替进行。

2) 肩袖关节旋转练习。进行肩关节中立位内旋或外旋动作或站立位、仰卧位，进行肩关节外展 90°的旋转运动，手臂上下摆动做内外旋运动，最大范围，交替进行。

3) 肩袖关节肌群训练。

a) 肩胛下肌训练：上臂紧贴身体，肘部屈曲 90°，弹力带一端固定在门把、柱子等坚固的地方并与肘等高的位置，一手握紧弹力带，掌心向内，对抗弹力带阻力，均匀缓慢向身体内侧收，并均匀缓慢回到起始位置。

b) 冈下肌、小圆肌训练：上臂紧贴身体，肘部屈曲 90°，弹力带一端固定在门把、柱子等坚固的地方并与肘等高的位置，一手握紧弹力带，掌心向内，对抗弹力带阻力，均匀缓慢向身体外侧打开，并均匀缓慢回到起始位置。

c) 冈上肌训练：弹力带一端固定在脚底，一手握紧弹力带，拇指向下，对抗弹力带阻力，均匀缓慢向体侧抬起，并均匀缓慢回到起始位置。

4) 肩胛骨训练。

a) 肩胛后缩训练：坐位/站位下肩关节外展 90°，肘屈 90°，弹力带中段固定在前方，稍高于肩关节，训练者抓住弹力带两端并匀速缓慢向后拉（水平外展＋外旋），同时肩胛内收，再匀速缓慢回到起始位。

b) 肩胛前伸训练：坐位肩前屈 90°，肘伸直，弹力带一端固定于身后肩关节高度，手心握住另一端并匀速缓慢向前伸，再匀速缓慢回到起始位。

c) 肩胛下压训练：坐位，双手放在凳子扶手上，向下推并将身体抬高，肘关节撑直。

5) 肩关节动态负重训练。

四点跪位，躯干保持一条直线，以双手掌及双膝为支点，身体缓慢匀速向前移动，随后缓慢回到起始位，过程中注意保持躯干稳定。更大程度激活肩周肌群，增强肩关节稳定性以及躯干核心力量。

2. 肘关节损伤

羽毛球技术动作挥拍击球过程中,对于发力和力量的传导,肘关节至关重要。肘关节使用不当,容易发生损伤。

(1)肘关节损伤的原因。肘关节损伤主要有内外侧软组织损伤。

1)在羽毛球正手杀球中杀球动作错误,尤其在前臂外展、肘关节屈曲90°,肘部低于肩部时进行羽毛球杀球动作时,肘关节内侧软组织极易受伤。其次是快速的做前臂旋前和屈腕的主动收缩或肘关节爆发或过伸,使肌肉和韧带神经受不了该动作的力量。再则如局部负荷过度、局部受到过度的牵扯或出现疲劳,准备活动不充分等情况都会出现肘关节内侧软组织损伤。如:正手接杀球,羽毛球拍的反作用力或进行鞭打击球时所致的肘关节爆发或过伸,或者如做抽球、扣杀动作时所要求的屈腕动作。

2)肘关节外侧软组织损伤主要是反手杀球,平抽球过多,肌肉性能差,准备活动不充分,局部存有滑囊等因素所致。击球过程中,肌肉或关节囊韧带受到剧烈牵拉或因做前臂旋后或闪腕动作,深层组织反复摩擦,挤压造成局部劳损性病变,滑囊的过分刺激而引起。

(2)肘关节损伤的处理。

1)损伤即刻与早期可局部冷敷,加压包扎,外敷新伤药。24~48h后,可考虑进行理疗,按摩,外敷中药。

2)对慢性伤者,应以理疗、按摩、针灸治疗为主。

3)伤后练习与康复安排时,急性期要停止进行容易再伤或加重损伤的一些动作的活动,如:正反手的杀球、抽球等。康复期应佩带保护装置,如护肘、弹力绷带等。

4)对肘内侧软组织损伤者,特别是肘关节有一定松弛者,应长时间休息,否则很容易再损伤和肘关节的进一步松弛,从而发展成慢性劳损。

(3)肘关节损伤的改善措施。

1)正确掌握技术动作的动作要领,击球时尽可能不要出现错误动作。

2)练习或比赛前,准备活动要充分,比如多做徒手挥拍动作。开始练习时,施加力量循序渐进。

3)做好防护,带护肘或加粗拍柄,避免握紧球拍时肘部肌肉负担过重。

4)增强肘关节肌肉力量。对肘关节做好保护。

3. 腕关节损伤

手腕关节损伤是羽毛球爱好者较多出现的损伤。羽毛球运动基本技术中,无论是杀球还是吊球、挑球、推球、扑球或勾球都要求手腕闪动发力或外展内收的动作,然后随着不同技术动作对手法的要求手腕都要快速伸展闪动鞭打或内展外旋切击动作进行击球,因此手腕部的三角软骨盘不断受到旋转碾挤受到损伤。

(1)腕关节损伤的原因。

1)准备活动不充分,部分练习者在运动前不重视准备活动,尤其是手腕的热身活动和拉伸,手腕肌肉兴奋性没有被充分调动,导致手腕关节损伤。

2)羽毛球技术不好导致损伤,在羽毛球运动中错误技术动作就会导致错误的发力顺序和方向,也是导致手腕损伤的重要原因。如:羽毛球杀球时姿势不正确,手腕过度屈曲,打反拍时手腕过度背伸,会损伤腕关节软骨、滑膜、韧带损伤,造成腕关节疼痛。正确的击球动作引拍一定要放松,击球瞬间才发力。不要让手腕一直处于紧张状态。

3)盲目运动损伤,羽毛球的竞赛比赛的激烈具有吸引性,也是引导羽毛球爱好者参加羽毛球运动的重要条件,与水平和自己不匹配的选手同场竞技能极大的促进运动水平,但初学者往往因为球感好、技术掌握速度快,容易忽略正确的手腕技术定型,引起手腕部得损伤。

4)硬件条件差,在羽毛球运动中对羽毛球的场地也是导致羽毛球损伤的一个方面,在运动中手腕部小心碰到场地而受伤另外因场地不规范如地面不平整、光线不均衡、刮风下雨等客观因素都会或多或少导致运动损。

(2)腕关节损伤的处理。

1)腕部拉伤后可以 24h 内冷敷、24h 后热敷缓解酸胀疼痛感,带护腕辅助腕关节活动,近期避免用到腕关节的体力劳动,疼痛严重时可以口服非甾体抗炎药消炎止痛治疗。

2)热敷或泡浴,每次 0.5h,可以用跌打冷敷贴,局部可以喷云南白药,也可以吃三七粉,可以起到活血化瘀的作用,建议多休息,这样对恢复有利。

(3)腕关节损伤的改善措施。

1)增加腕部肌肉的力量,具体练习方法有两个,一个是负重练习,另一个时徒手挥重拍。负重练习可用手腕负重做腕部练习,增加腕部力量。如:手握杠铃或哑铃,手腕反复屈伸。使用哑铃练习的好处是可以只练习打球的手腕,但这一般都会造成两个手腕粗细的差异。练习过程中需要注意,动作快速是锻炼手腕的爆发力,而动作较慢就起不到锻炼爆发力的作用,但可以锻炼手腕的肌肉,对于腕伤的治疗很有帮助;挥重拍就是在平时挥动比羽毛球拍重很多的其他球拍,比如网球拍和壁球拍,或者很老的那种铁质的羽毛球拍。也可以在常用球拍的拍头包上几层报纸,或者是半截拍套,这样改造之后的球拍头非常重,经常挥舞会有助于腕力。在练球时候也可以练习腕力,手腕力量会有明显增长。注意这个方法练习的重点是手腕的力量,在挥动的过程中要有意识的使用腕力来控制,尽量不要使用胳膊的力量。注意保护手腕,带上护腕是很好的保护措施。

2)手指力量的练习,初学者一般很难使用到手指的力量,这需要在很放松的状态下,只是在击球的瞬间才紧握球拍,才可以发挥手指的力量。而网前球尤其需要手指的力量,因为越是精细的动作,就越需要极小的动作和细微的发力。练习手指力量一般是使用握力计,平时自己空手频繁做手指快速抓握的动作也可以达到目的。

3)腕关节活动度练习,向前、向侧弯曲腕关节(屈曲),在最屈曲或背伸的位置上坚持数秒;向手的拇指侧和小指侧活动腕关节(桡偏和尺偏),在最桡偏和尺偏的位置上各坚持数秒。

4)腕关节拉伸练习,借助健侧手帮助练习患侧腕关节进行拉伸练习,压住患侧手背使腕关节尽量屈曲,维持姿势不动,在搬住患侧手掌或手指使腕关节尽量背伸,维持姿势不动,坚持数秒。

5)腕关节背伸拉伸和屈曲拉伸,练习面向桌子站立,双手掌撑住桌面,指尖指向自己或前方,肘关节伸直,身体前倾,感觉腕关节背侧有牵拉感。

6)前臂旋前和旋后练习,屈肘90°,前臂向前,五指并拢伸开,掌心向下坚持数秒,然后缓慢向外旋转使掌心向上,练习过程中注意肘关节始终紧贴身体,如果很容易完成,可以手握一听饮料或哑铃练习。

4. 膝关节损伤

羽毛球运动动作技术中,步法的重要性毋庸置疑,"三分手法、七分步法"。每一个技术动作的完成都需要膝关节的参与,尤其是网前上网步法和中场步法的蹬跨步。膝关节的稳定装置不断承受剧烈拉应力和牵扯力,一旦某个动作不协调或过度用力、过度疲劳就会引发急性损伤,而由于羽毛球运动员训练强度大,膝关节负担重、急性损伤常不能及时治愈久之又形成慢性损伤或劳损。因此膝关节容易重复发生的一类损伤。伤的种类较多,如半月板损伤或交叉韧带损伤、末端病或慢性滑膜炎等。

(1)膝关节损伤的原因。

1)基本功不扎实,技术动作错误。羽毛球初学者在训练中对基础性、单一性技术动作缺乏专门、细致、重复的掌握,因此这些单一关键技术动作在串联、协同过程中会形成动作技术组合时,就会给练习者造成身体系统运动失去平衡等问题。从而引起膝关节内侧的韧带和一系列软组织挫伤,以及半月板损伤和损伤性滑膜炎等损害。如在羽毛球运动时前冲时不能很好的止动、击球后回位时膝关节外翻、上步时前脚掌先着地等。

2)肌肉缺乏力量,尤其股四头肌 在羽毛球运动中无论是启动,止动还是半蹲准备姿势,都是协靠股四头肌的力量所完成的,如果股四头肌自身力量较弱,运动所面临的运动量或者冲击力较强,超过股四头肌所能承担的负荷量时,容易引起膝关节的损伤及引发其他一系列伤病。

3)长期运动量大引发的膝关节慢性劳损。部分羽毛球爱好者不能根据自身的身体状况,在运动过程中,不断加大运动量,使膝关节的头部和窝部不断反复曲张摩擦,长此以往造成韧带配局部变性和关节面的磨伤基于运动年限的限制,往往是时间越长所引发的伤病越多。

4)羽毛球运动场地环境较差,基本条件设施不合格。场地太软或者太硬以及场地表面凹凸不平,都会引起运动员膝关节的损伤。

5)运动前没有做准备活动,运动后不注意放松运动。

(2)膝关节损伤的处理。

1)膝关节副韧带及膝前交叉韧带损伤处理。膝关节韧带自身较薄弱,羽毛球运动具有运动量大,动作转换要求快、很多急起急停的动作都会造成膝关节韧带不同程度的损伤,容易引发膝前交叉韧带的扭伤,一般根据膝关节韧带损伤程度不同,所采取的处理方法和步骤也有不同。微韧带损伤轻者及时用冰袋冷敷局部,或用棉布进行简单加压包扎,避免患者腿部下垂,尽量高抬引起不必要的肿胀控血。

2)膝关节滑膜损伤处理。羽毛球运动活动量大,动作快速等特点,膝关节进行反复大幅的屈伸拉伸,膝关节滑膜与关节表面进行不间断的摩擦和挤压,从而引发滑膜的渗出充血,水肿,导致膝关节的受伤。膝关节慢性劳损摩擦会使其出血,并渗出大量积液,因此可以采取一定手段的外敷或者理疗,在此期间应避免一切屈伸运动,防止病情转化为慢性滑膜炎,待水肿和积液慢慢消退,再宁并行强筋健骨的适当锻恢,直至最后的完全康复。

3)半月板的损伤处理。羽毛球运动中凡是强烈的扭动或者旋转膝盖进行内翻或外翻的活动时,都容易引起膝关节半月板的损伤,某些特定动作导致全身的重力全部压在膝关节部位,就可能伤到未能迅速滑移的半月板,从而引起半月板撕裂。半月板的损伤会在不同程度上损伤膝关节的其他结构,从而导致创伤性关节炎如果膝关节肿胀明显,内部积液过多,则需要在无菌环境下进行穿刺取液的治疗,对其患部进行必要的石膏辅助,使其加以坚固,并保持膝部伸直,抬高,使其消肿,积液逐渐消退。

4)殡骨劳损处理。骸骨是人体内最大的籽骨,具有减少内部组织摩擦,保护膝关节作用。其损伤一般表现为在经过大量运动后出现的膝盖疼痛或酸软,随着运动量的增大或者减少而显现的疼痛增加或减弱,在骸骨劳损后避免运动从而减轻疼痛,或者在受伤初期进行适当的冷敷冰敷或喷剂治疗,减少激烈运动或者下蹲半蹲姿势,并用理疗或者按摩等手法加以辅助治疗。

(3)膝关节损伤的改善措施。

1)加强膝关节周围肌肉力量练习。在全面发展身体素质的基础上,应加强膝关节周围肌肉的力量训练,尤其是屈足肌群和股四头肌的训练。因为身体所有的运动几乎都是抗阻力产生的,羽毛球运动员在球场上向各方向做蹬跨、跳跃等动作时,膝关节要承受很大的负荷。所以在力量训练时,要通过加强股四头肌等膝关节周围肌群的力量来减少膝关节的相对负荷,从而保护膝关节。比如蹲马步练习,练习股四头肌大部分肌群的力量。

2)运动前做好充分的热身活动,在羽毛球训练或比赛前做好充分的准备活动是保证训练或比赛顺利进行的必要前提。热身是一个渐进的过程,肌肉拉伸以及身体状态要逐步加强。简单的准备活动,只能牵拉大肌肉群,对于小肌肉群和关节的润滑起不到太大的作用。一般性准备活动后,应做与该运动项目相关的专门性练习。特别是应针对易受伤部位做适当的力量练习和伸展练习,这样可提高人体中枢神经系统的兴奋性,有利于克服人体自身的生理惰性,对加强关节的稳定性和预防关节扭伤、肌肉拉伤有很好的作用。每次打球练习前,要半小时左右的热身运动,再进行大强度的练习或比赛。

3)掌握正确的步法动作,用较为匀速的步法进行跑动。强化专项步法的移动练习,移动保持重心稳定。前场击球步法移动到位再进行击球,避免落地同时击球或先击球后落地。后场击球时,要重视对身体的控制,以及击球后的落地也要主动进行控制。稍微降低"一拍击球"的威胁,提高动作的连贯和击球后的回动,对下一拍击球有协助作用。击球时,如果不能给对手造成很大压力,击球点可适当降低一点,能减缓步法移动的速度,给膝关节充分的保护。落地击球时,动作要自然,使脚下动作形成自然的缓冲,减少落地时产生的撞击力量;减少大步幅的移动,改成中小步移动;充分利用身体前倾伸拍击球的长度,能有效地减少移动距离,减少对膝关节的压力。

4)佩戴护膝或护具,初学者在训练或比赛时,要佩戴适合自己的护膝或护具,最好选用弹力大、有髌洞或髌凸的软护膝,以免过度压迫髌尖。佩戴适宜的护膝或护具可以减缓膝关节所承担的负荷,防止因突然变向用力而造成的肌肉拉伤,加强膝关节的稳定性。

5)注意运动后的放松和恢复。羽毛球运动是一项体能消耗较大的运动,要注意能量的及时补给,特别是对钙的补充。在训练或比赛后,应采用推、拿、揉、捏、按压等保健手法进行局部按摩,及时缓解膝关节的疲劳。

5.踝关节损伤

踝关节是人体运动的重要枢纽和负重关节。羽毛球练习过程中,上网步法、后场步法以及中场步法要求步法移动之多,快速移动脚步的过程中,因为慌乱或是勉强接球、脚步未朝正确方向跨步,踝关节都受到很大的冲力,容易导致踝关节外翻或内拗而伤害到韧带。造成其损伤的主要原因是起跳支撑落地重心不稳,技术动作不规范,带伤练习,起跳动作错误及准备活动不足等。踝关节损伤多为踝关节周围韧带的过度牵拉或撕裂,严重者可伴有撕脱骨折。

(1)踝关节损伤的原因。

1)步法技术动作不熟练,错误动作造成损伤。练习者在做步法练习时,踏脚这个动作时,脚容易向内翻,即脚心翻向内。

由于踝关节特有的解剖结构,使踝关节处于"灵活有余,稳重不足"的不稳定状态。所以,我们在踝关节跖屈、起跳后落地时,如果失去平衡,就容易引起关节的内翻,导致踝关节的内翻损伤。即踝外侧扭伤。踝关节内的软组织受到挤压撞击出现软骨面损伤、滑膜肿胀,使踝关节周围出现肿胀、淤血。如果未能及时进行正确治疗,就会出现踝关节外侧支撑强度下降,关节本体感觉减退。这样,踝关节的不稳定状态就会加重,踝关节容易再次扭伤,出现疼痛、肿胀、行走不稳等慢性期症状,并可引起其他关节损伤,出现连锁反应。长此下去,容易出现踝关节习惯性劳损。

2)踝关节力量较差,负重过大造成损伤。羽毛球落点变化大,脚步移动多、跳跃、转体、挥拍,要运用各种击球技术和步法。上网步法接网前球时,蹬跨步技术动作不熟练,速度太速度过快习惯脚尖触地,使踝关节局部负荷过重。加上肌肉力量不足,导致踝关节韧带扭伤。甚至造成踝关节创伤性滑膜炎。

3)准备活动认识不够,热身不足造成损伤。初学者对运动前的准备活动认识不够,觉得可有可无,造成运动时肌肉粘滞性大,造成对身体的伤害。

(2)踝关节损伤的处理。

1)踝关节急性期损伤,24h 内可将踝部冰块冷敷或浸入冷水中,或用冷毛巾敷于患处,每次 10~20min,每 6h 一次,加压包扎,抬高患肢,固定休息,可收缩血管,消肿止痛,不能使用局部揉搓等手法。24h 之后,根据伤情可选用外敷新伤药、理疗、针灸、按摩、药物痛点注射及支持带固定,并应尽早进行功能锻炼。

2)踝关节损伤后早期处理很重要,宜卧床休息,下地时持拐杖以防止踝关节负重,休息应在 2 周以上。而慢性损伤的患者保守治疗的效果则相对较差,治疗的目的是改善疼痛和不稳定的症状,有时需要通过手术重建韧带来改善踝关节的稳定性。

3)伤后练习。肿痛减轻后,应在粘膏支持带固定下着地行走或扶拐杖行走,1~2 周后可进行肌肉力量和协调性练习,如踝关节抗阻力活动,也可在松软的沙地上进行一些较慢动作的练习(如跑、跳等),或在凹凸的斜面上行走或跳跃练习,并逐步进入正规练习;对踝关节有松动不稳的习惯性劳损者,要特别加强踝和足部的肌肉力量练习,并控制踝部的训练量。此外,注意纠正易致伤的错误动作,避免反复损伤。

(3)踝关节损伤的改善措施。

1)加强踝关节周围肌肉力量练习。踝关节周围肌肉有保护关节的作用,这部分肌肉控制着关节的活动和关节支撑力度,因此这部分肌肉力量的增强对于关节的保护有着十分重要的作用。如:负重提踵、跳台阶、沙坑纵跳等。

2)准备活动和活动场地场地、器械装备情况。充分准备活动能够快速使身体预热,减少踝关节肌肉的粘滞性和踝关节骨骼的生理惰性。增强关节延展性和扩大活动范围。羽毛球练习前一定要对场地进行检查,尽可能不要在状况差的场地上运动,以免造成不必要的伤害。

3)掌握规范的技术动作。尤其在羽毛球步法中注意各种步法组合练习的合理性。

4)加强对运动医学知识的学习,掌握常见伤病的应急处理方法,并且在进行必要处理之后要尽快就医,以免错过最佳治疗时机。

(二)肌肉拉伤

肌肉拉伤是肌肉在运动中急剧收缩或过度牵拉引起的损伤。各项体育运动中都会出现肌肉拉伤现象。羽毛球运动急停急转动作较多,最多见的是大腿后肌群和肘内侧肌群拉伤。拉伤部位剧痛,用手可摸到肌肉紧张形成的索条状硬块,触疼明显,局部肿胀或皮下出血,活动明显受到限制。

1. 肌肉拉伤的原因

(1)准备活动不充分造成的伤害。大多肌肉拉伤是由于运动前的准备活动不充分,肌肉没有准备好就突然受到超负荷的刺激,经常会引起肌肉拉伤。尤其是冬天天气寒冷,韧带、肌肉更脆、更僵一些,肌肉比较紧,就很容易受伤。

(2)错误的技术动作是造成肌肉拉伤的主要原因。如错误的步法练习及后场用力杀球等。肌肉拉伤有两种:主动拉伤和被动拉伤。主动拉伤由于肌肉猛烈收缩,使肌肉的收缩力超越了其本身所能承受的能力而引起,如不做准备活动的快速急转向;被动拉伤是肌肉在一定的紧张、僵硬或牵拉状态下受到猛烈、超限的牵伸,超越了肌肉本身的伸展程度所至。

(3)身体素质较差,初学者不能根据自身的实际情况做练习,而是满腔热情对羽毛球运动的喜爱,没有按照循序渐进的原则进行运动。

2. 肌肉拉伤的处理

肌肉拉伤后,要立即进行冷处理——用冷水冲局部或用毛巾包裹冰决冷敷,然后用绷带适当用力包裹损伤部位,防止肿胀。在放松损伤部位肌肉并抬高伤肢的同时,可服用一些止疼、止血类药物。24小时至48小时后拆除包扎。根据伤情,可外贴活血和消肿胀膏药,可适当热敷或用较轻的手法对损伤局部进行按摩。肌肉拉伤严重者,如将肌腹或肌腱拉断者,应抓紧时间去医院作手术缝合。

3.肌肉拉伤的预防措施

(1)充分了解热身活动的重要性。运动之前,应该积极地进行充分的热身运动,在热身准备的时候,做一些赛前腿部和手臂的拉伸动作,包括行进间的拉伸。

(2)加强身体素质的练习,尤其加强大腿前、后群及小腿三头肌的力量练习。可采用自重练习或器械练习。

(3)练习装备保护。在羽毛球练习或比赛时,可以佩戴护具或弹力绷带(螺旋型缠绕小腿)以及肌力胶布(粘贴小腿)。

(4)肌肉拉伤后,要及时进行处理,如果伤情严重要到专业医院进行诊治。拉伤的患者需要保证肌肉得到良好的休息,不能让肌肉重复受伤,不然会减慢康复速度。

(三)运动伤害的防范

1.合理掌握运动量,防止运动量过大

由于下肢前后左右不停地反复多次奔跑,上肢无数次大力挥臂击球,腰腹、躯干处于连接上下肢运动、促使每个动作完成的必不可少的地位,所以运动中身体各部位负荷都大。如果运动量或内容的安排稍有不慎,某一局部负担过重,则会造成局部的损伤,如多次进行大力杀球,则膝关节局部肌肉负担过重;多次进行上网步法练习,则膝关节局部负担过重。为此,在运动中上下肢负荷安排要适当,密度大和密度小的内容要交替进行,并留意运动后身体个部位的反应,如感到某一局部负担过重,则应停止该局部的练习。

2.掌握正确的技术动作

运动中技术动作不规范、不符合人体生理特点,是造成运动损伤的一个重要原因,技术动作合理、准确,不但运动起来省劲、舒服、漂亮,而且不易受伤。相反,技术动作不合理、笨拙,不但费力别扭,而且极易受伤。如上肢击球动作僵硬,用力不合理,不符合生理特点,易造成肩关节受伤。做上网步法时,如前脚掌着地、重心前冲,髌骨则易受伤。

3.加强力量素质的锻炼

力量素质是一切运动的基础。力量素质好,特别是小肌肉群力量好,能有效预防损伤。相反,肌肉力量差、伸展性不好是致伤的一大原因,对于运动是易出现损伤、力量有相对较弱的身体部位,应注意提高其机能和承受运动负荷的能力,特别是注意改善其肌肉力量和肌肉的伸展性,这是预防损伤的一种积极手段。

4. 运动时保持良好的身体状态

当身体疲劳时,身体各部位运动机能状况下降,易出现反应迟钝、动作协调、运动能力下降等反应。此时如仍然勉强参加运动,身体极易出现损伤,为此在进行羽毛球运动前和运动过程中应随时注意观察身体个部位肌肉的反应,有肌肉发硬、酸痛或有不愿意运动的感觉时,则不再勉强进行比赛和锻炼。

5. 注意环境因素对损伤的影响

比如:场地湿滑、过硬、不平、有异物。鞋袜不合适、鞋子过大、过小、或鞋底过硬、袜子薄以及球拍太重等等都不利运动。

第八章 羽毛球竞赛规则与裁判法（2020版）解读

第一节 规则与裁判法中值得关注的几点变化

由中国羽毛球协会审定的《羽毛球竞赛规则》（2020版）相比《羽毛球竞赛规则》（2017版）有着较大的调整，这些调整主要基于世界羽联相关内容的设置和变化。主要体现在整体结构、规则内容以及翻译的部分用词上。

一、竞赛规则内容的变化

（一）发球高度规则的变化

羽毛球规则的首要调整是使用"固定高度规则发球"。（即为：发球员的球拍击中球的瞬间，整个球应低于距场地地面高度1.15m。）替代了旧规则中的"发球过腰"（发球员的球拍击中球的瞬间，整个球应低于发球员的腰部）、"发球过手"（发球员的球拍击中球的瞬间，发球员的拍杆和拍头应指向下方）。

（二）裁判员规范用语的变化

《羽毛球竞赛规则》（2020版）中裁判员的规范用语增加了对发球违例（行为不端）的警告和违例的解释用语。如：裁判员针对违犯新规则解释的规范术语为"发球违例，过高"。裁判员临场的每一场比赛尽可能使用"规范用语"，规范用语的增加和完善能方便裁判员与运动员之间的沟通。（如赛前关于服装问题的沟通，赛前赛中赛后行为不端的判罚和沟通等）。它既是裁判员、运动员之间的桥梁，也是比赛与观众之间的桥梁，能够提高比赛观赏性，使得广大场内外观众能更清楚比赛进行中发生事件与判罚。

（三）比赛计分表填写方面的变化

主要简化了事件记录、纠正发球区错误及司线员错误的记录符号，更重要的是增加记录了行为不端的解释说明，统一了裁判员在记分表中对于服装、违例、伤病等事件的表述,使赛事记分表在报告事件方面更加统一规范。羽毛球爱好者可以与裁判员规范用语的变化和"记分表上事件记录说明和服装违规记录说明的标准样例"对照学习。

二、裁判法内容的变化

裁判员工作规范相关的内容变化主要体现在"技术官员工作指南"部分,此部分的变化主要基于世界羽联英文版本的大量调整,尤其是新增了"裁判长工作指南"的大量内容,并将对裁判长、裁判员、发球裁判员及司线员的工作指导及建议细化到了工作中的各个具体流程。

(一)裁判员管理时限的变化

根据《羽毛球竞赛规则》(2020版)裁判员的管理时限从该场比赛裁判员进入竞赛场区开始,直至该场比赛结束离开竞赛场区为止,这意味着从进入竞赛场区直至离开竞赛场区,裁判员都应当对运动员进行管理,并且对进退场过程中的行为不端按照比赛进行中的行为不端进行处理。但需要的注意的是,赛前或赛后在竞赛场区出现的行为不端应按相应规则规定处理,但不影响该场比赛。

(二)裁判员工作流程部分的变化

《羽毛球竞赛规则》(2020版)对裁判员工作提出了更细致的要求,如一名运动员在一场比赛中,只允许召唤医生使用喷剂一次,公正地执行挑边,挑边结束后尽快上裁判椅,启动秒表;热身时间从裁判员在裁判椅上坐下开始,至宣报"比赛开始,0比0"等内容。增加了预赛中被裁判长终止的比赛时的宣报。这些变化既是为了更好地规范比赛,也体现了对裁判员工作规范的更高要求。

三、羽毛球运动道德行为规范内容的变化

《羽毛球竞赛规则》(2020版)定义了"道德规范"中相关的概念,完善了教练员、教育者、运动员行为规范和义务。并着重增加了"关于赌博、投注和非正常比赛的规定"及"技术官员行为规定"。为了更好地推广羽毛球运动,保证运动的诚信与比赛的公平公正,此部分内容比《羽毛球竞赛规则》(2017版)仅提及教练员、随队官员及运动员行为规范及处罚规定详细很多。《羽毛球竞赛规则》(2020版)中羽毛球运动道德行为规范其中不少内容的增设既是规范羽毛球运动参与者的言行,也是为了更好地推动羽毛球项目在新时代的发展。

四、相关规定的英文部分的增加

《羽毛球竞赛规则》(2020版)的最后部分是相关规定的英文版本,为了更好地接轨世界羽毛球赛事,广大裁判员、运动员、教练员及羽毛球运动爱好者对于项目相关规则及术语的了解需求与日俱增。

五、残疾人比赛的有关规定

《羽毛球竞赛规则》(2020 版)对残疾人比赛的相关规定进行了修改完善。依据世界羽联相关规定对残疾人比赛分级及相关定义进行了详尽翻译,还增加了辅助设备、国际比赛场馆设施规定、处罚规定等三个部分,为今后的残疾人羽毛球赛事的判罚提供依据。

第二节 羽毛球赛场比赛规则

部分术语释义:

运动员:参加羽毛球比赛的人。

一场比赛:由双方各一名或两名运动员进行的比赛,是羽毛球比赛决定胜负的基本单位。

单打:双方各一名运动员进行的比赛。

双打:双方各两名运动员进行的比赛。

发球方:有发球权的一方。

接发球方:发球方的对方。

回合:自开始发球至死球前的一次或多次连续对击。

一击:运动员试图击球的一次挥拍动作。

一、羽毛球比赛规则

(一)比赛计分规则

(1)除非另有规定,(礼让比赛或替换规则)外,一场比赛应以三局两胜定胜负。

(2)除规则 4 和 5 的情况外,先得 21 分的一方胜一局。

(3)对方违例或球触及对方场内的地面成死球,则另一方胜这一回合并得一分。

(4)20 平后,连续得 2 分的一方胜该局。

(5)29 平后,先得 30 分的一方胜该局。

(6)一局的胜方在下一局首先发球。

(二)比赛间歇、交换场区或比赛的暂停规则

(1)每局比赛,当一方先得 11 分时,允许运动员有不超过 60s 的间歇。

(2)所有比赛中,局与局之间允许有不超过120s的间歇时间(有电视转播的比赛,裁判长可在该场比赛前决定变更每局11分或局与局的间歇时间)。

(3)每一局之间交换场区,如果有第三局,在第三局比赛中,一方先得11分时交换场区。

(4)如果有运动员没有按照交换场区规则交换,一经发现,在死球后立即交换,已得比分有效。

(5)遇不是运动员所能控制的情况,裁判员可根据需要暂停比赛。

(6)遇特殊情况,裁判长可要求裁判员暂停比赛。

(7)如果比赛暂停,已得比分有效,恢复比赛时由该比分算起。

(三) 发球规则

(1)一旦运动员站好位置准备发球,发球员的球拍头开始向前挥动。

(2)一旦运动员发球开始,发球员拍击中或未击中球,即为发球结束。

(3)发球员应在接发球员准备好后才能发球,如果接发球员已试图接发球,即视为已最好准备。

(4)双打比赛发球时,发球员和接发球员的同伴应在给予的场区内,其站位不限,但不得阻挡对方发球员或接发球员的视线。

(5)以下情况为合法发球:

1)一旦发球员和接发球员作好准备,任何一方都不得延误发球。

2)发球员球拍头向后摆动一旦停止,任何对发球开始的迟延都是延误。

3)发球员和接发球员,应站在斜对角的发球区,脚不得触及发球区和接发球区的界线。

4)从发球开始,至发球结束,发球员和接发球员的两脚,都必须有一部分与场地的地面接触,不得移动。(残疾人轮椅式比赛中,从发球开始至发球结束,发球员和接发球员的轮椅必须静止不动,发球员的轮椅自然的逆向移动除外。)

5)发球员的球拍,应首先击中球托。

6)发球员的球拍击中球的瞬间,整个球应低于距场地地面高度1.15m。(轮椅式比赛中,发球员的球拍击中球的瞬间,整个球应低于发球员的腋下。)

7)发球开始,发球员挥拍必须连贯向前,直至将球发出。

8)发出的球向上飞行过网,如果未被拦截,球应落在规定的接发球区区域内(即落在界线上或界线内)。

9)发球员发球时,应击中球。

(四) 单打规则

1. 发球区和接发球区

(1)一局中,发球员的分数为0或双数时,双方运动员均应在各自的右发球区发球或接发球。

(2)一局中,发球员的分数为单数时,双方运动员均应在各自的左球区发球或接发球。

2.击球顺序和位置

一回合中,球应由发球员和接球员交替从各自所在场区一边的任何位置击出,直至成死球为止。

3.得分和发球

(1)发球员胜一回合则得一分。随后发球员再从另一发球区发球。

(2)接发球员胜一回合则得一分,随后,接发球员成为新发球员。

(五)双打规则

1.发球区和接发球区

(1)一局中,发球方的分数为0或双数时,发球方均应从右发球区发球。

(2)一局中,发球方的分数为单数时,发球方均应从左发球区发球。

(3)接发球方上一回合最后一次发球运动员应在原发球区,其同伴的站位与其相反。

(4)接发球员应是站在发球员斜对角发球区的运动员。

(5)发球方每得一分,原发球员则变换发球区再发球。

(6)除发球区错误没有被发现情况外,发球都应从与其得分相对应的发球区发出。

2.击球顺序和位置

每一回合发球被回击后,由发球方的任何一人和接球方的任何一人,交替在各自场区的任何位置击球,如此往返直至死球。

3.得分和发球

(1)发球方胜一回合则得一分。随后发球员继续发球。

(2)接发球方胜一回合则得一分。随后接发球方成为新发球方。

4.双打发球顺序(见表8-1)

每局比赛的发球权必须如此传递(见表8-1)。

(1)首先由首先发球员A从右发球区发球。

(2)其次是首先接发球员的同伴D,从左发球区发球。

(3)然后是首先发球员的同伴B。

(4)接着是首先接发球员C。

(5)再接着是首先发球员,依此传递。(比分0∶0)①首先发球员A➡(换球、比分1∶0)②首先接发球员的同伴➡(换球、比分1∶1)③首先发球员的同伴B➡(换球比分2∶1)④首先接发球员C➡(换球、比分2∶2)⑤首先发员、依次循环。

(6)运动员在比赛中不应有发球、接发球顺序错误或在一局比赛中连续两次接发球。

(7)一局胜方的任一运动员可在下一局先发球;一局负方的任一运动员可在下一局先接发球。

表 8-1 双打比赛运动员发球顺序表

过程及解释	比分	位置	发球区	发球员和接发球员
比赛开始	0:0	C D B A	从右发球区发球 (因发球方比分为0)	A 发球、C 接发
A 和 B 得 1 分。A 和 B 交换发球区。C 和 D 在原发球区接发球	1:0	C D A B	从左发球区发球 (因发球方比分为单数1)	A 发球,D 接发球
C 和 D 得 1 分,获得发球权。均不改变各自原发球区	1:1	C D A B	从左发球区发球 (因发球方比分为单数1)	D 发球、A 接发球
A 和 B 得 1 分,获得发球权。均不改变各自原发球区	2:1	C D A B	从右发球区发球 (因发球方比分为双数2)	B 发球、C 接发球
C 和 D 得 1 分,获得发球权。均不改变各自原发球区	2:2	C D A B	从右发球区发球 (因发球方比分为双数2)	C 发球、B 接发球
C 和 D 得 1 分,交换发球区。A 和 B 均不改变各自原发球区	3:2	D C A B	从左发球区发球 (因发球方比分为单数3)	C 发球、A 接发球
A 和 B 得 1 分,获得发球权。均不改变各自原发球区	3:3	D C A B	从左发球区发球 (因发球方比分为单数3)	A 发球、C 接发球
A 和 B 得 1 分,交换发球区。均 C 和 D 不改变各自原发球区	4:3	D C B A	从右发球区发球 (因发球方比分为双数2)	A 发球、D 接发球

(六)发球区错误规则

(1)以下情况为发球区错误。

1)发球或接发球顺序错误。

2) 在错误的发球区发球或接发球。

(2) 如果发现发球区错误,应在死球后予以纠正,已得比分有效。

(七) 违例规则

(1) 不合法发球。

(2) 球发出后:

1) 停在网顶。

2) 过网后挂在网上。

3) 被接发球的同伴击中。

(3) 比赛进行中,球:

1) 落在场地界线外(即未落在界线上或界线内)。

2) 未从网上越过。

3) 不过网。

4) 触及天花板或四周墙壁。

5) 触及运动员的身体或衣服;(残疾人轮椅比赛中视轮椅或拐杖为运动员身体的一部分)。

6) 触及场地外其他物体或人;(关于比赛场馆的建筑结构问题,必要时,地方羽毛球竞赛承办机构可以制定羽毛球触及建筑物的临时规定,但其归属的世界羽联会员协会有否决权)。

7) 被击时停滞在球拍上,紧接着被拖带抛出。

8) 被同一运动员两次挥拍连续两次击中(但一次击球动作中,球被拍框和拍弦面击中,不属违例)。

9) 被同方两名运动员连续击中。

10) 触及运动员球拍,而未飞向对方场区。

11) 在残疾人轮椅比赛中,球停在网顶或过网后挂在网上都属于违例。

(4) 比赛进行中,运动员:

1) 球拍、身体或衣服,触及球网或球网的支撑物。

2) 球拍或身体,从网上侵入对方场区(击球时,球拍与球的触点在击球者网这一方,而后球拍随球过网的情况除外。)。

3) 球拍或身体从网下侵入对方场区,妨碍对方或分散对方的注意力。

4) 妨碍对方,即阻碍对方紧靠球网的合法击球。

5) 故意分散对方注意力的任何举动,如喊叫、做手势等。

6) 在残疾人轮椅比赛中,运动员击中球的瞬间,其躯干无任何部位与轮椅座面接触。

(八)重发球规则

以下情况为"重发球":

(1) 发球员在接发球员未做好准备时发球。

(2) 在发球过程中,发球员和接发球员都被判违例。

(3) 发出的球被回击后:

1) 球停在网顶。(残疾人轮椅比赛中为"违例"的情况除外)。

2) 球过网后挂在网上。(残疾人轮椅比赛中为"违例"的情况除外)。

(4) 比赛进行中,球托与球的其他部分完全分离。

(5) 裁判员认为比赛被干扰或教练干扰了对方运动员的比赛。

(6) 司线员未能看清,裁判员也不能做出裁决时。

(7) 遇到不可预见的意外情况。

(九)死球规则

(1) 球撞网或网柱后,开始向击球者网这方的地面落下。

(2) 接触及地面。

(3) 宣报了"违例"或"重发球"。

(十)比赛连续性、行为不端及管理规则

(1) 除间歇规则或遇到不是运动员所能控制的情况、裁判员或裁判长要求比赛暂停的特殊状况外,比赛自第一次发球开始至该场结束应是连续的。

(2) 延误比赛。

1) 不允许运动员为恢复体力、喘息或接受指导而延误比赛。

2) 裁判员是罚运动员"延误比赛"的唯一裁决者。

(3) 指导和离开场地

1) 在一场比赛中,运动员未经裁判员允许不得离开场地(除规则规定的间歇除外)。

2) 在残疾人轮椅比赛中,允许运动员在一场比赛中因需要离开场地导尿有一次额外间歇。该运动员应由世界羽联委派的任一技术官员陪同。

(4) 运动员不得有下列行为:

1) 故意延误或中断比赛。

2) 故意改变或损坏球,以此影响球的速度或飞行。

3) 举止无礼,规则未述的其他不端行为。

(5) 对违犯者的处罚:

1) 对违犯延误比赛、一场比赛中未经裁判员允许离开场地规则或其他规则的运动员,裁判员应执行"警告"判罚;对已被警告过的一方判违例。同一方有两人多次违犯行为,则被视为"屡犯"。

2)在判违反方违例时,裁判员并立即报告裁判长。裁判长有权取消其该场比赛资格。

二、比赛中的替换规则——计分方法和发球

特殊规定除外,羽毛球比赛规则全部规定适用于以下各个替换规则。

(一)一场只有一局为 21 分的比赛

按如下替换:交换场区,在只进行一局的比赛中,一方先得 11 分时。

(二)一场三局两胜、每局 15 分的比赛

按如下替换:一场比赛以三局两胜定胜负,先得 15 分的一方胜一局,如果比分 14 比 14,先连续得 2 分的一方胜该局,如果比分为 20 比 20,先得 21 分的一方胜该局。其中交换场区,在第三局比赛中,一方先得 8 分时。每局比赛,当一方先得 8 分时,允许有不超过 60s 的间歇。

(三)一场五局三胜、每局 11 分的比赛

按如下替换;一场比赛以五局三胜定胜负。先得 11 分的一方胜一局。其中交换场区,第二局结束,第三局结束(如有第四局),第四局结束(如有第五局)第五局比赛中,一方先得 6 分时,比赛间歇时,只有在第五局的比赛中,当一方先得 6 分时,允许有不超过 60s 的间歇,所有比赛中,局与局之间允许有不超过 120s 的间歇。

(四)发球替换规则

(1)若在不使用固定高度发球规则的比赛中,羽毛球比赛规则按以下替换发球员的球拍击中球的瞬间,整个球应低于发球员的腰部,腰指的是发球员最低肋骨下缘的水平切线。

(2)发球员的球拍击中球的瞬间,拍杆和拍头应指向下方。

第三节　临场裁判人员职责要求及比赛流程

"技术官员工作指南"由世界羽联制定发布,目的是为世界各地依据"世界羽联法规"规范羽毛球临场比赛的裁判工作。"技术官员工作指南"要求裁判员在遵守"羽毛球比赛规则"和"世界羽联法规"的同时,了解执裁过程为运动员服务,应严格、公正、不滥用职权地控制好比赛;同时对发球裁判员和司线员执行他们的职责给予指导。

一、临场裁判人员的种类及其职责

一场比赛的顺利进行,需裁判长、临场裁判员、发球裁判员、司线员等互相协调配合。

(一)裁判长职责与要求:

1. 裁判长的职责要求

(1)裁判长应通晓"羽毛球比赛规则"。

(2)裁判长对比赛全面负责,领导、管理技术官员,并调动他们各自的积极性,确保他们知晓自己的职责并按"规则"和世界羽联的相关规程和准则履行各自职责。

(3)裁判长应关注比赛,采取一切必要措施确保比赛公平、公正。

(4)在组委会和世界羽联的配合下,裁判长负责跟进落实赛事举办条件,为运动员提供安全和良好的比赛条件。

(5)比赛当日裁判长应提早到达比赛场馆,完成职责要求的对竞赛场区的全面检查、确保所有信息技术功能都正常运作、确保关键人员都已到位等全部工作,确保比赛按时开始。

(6)第一天比赛开始前,裁判长应监督测球。如果比赛条件无明显变化,且每一筒的球速都一致,则没有必要在随后的每一天都测球。

(7)裁判长对领队会议后出现的所有退赛、未出场比赛以及强制退赛,应根据规则予以处理。

(8)裁判长应对次日比赛的比赛安排表在发布前予以审批。

(9)在赛事的最后阶段,裁判长应确定在半决赛和决赛阶段的安检程序或身份证认证要求等是否有变化,如有变化,应告知临场执裁的技术官员。

2. 裁判长与其他相关人员的关系

(1)处理问题和投诉

1)裁判长应平易近人、便于各个代表队领队、技术官员等相关人员向其提出问题、评论或投诉,便于完善裁判长的决策。

2)当领队或运动员请求裁判长队某一具体事件做出裁决时,裁判长应仔细听取、问清情况,掌握全部事实,尽快裁决。

3)为尽量减少投诉,裁判长应提前预判或避免潜在问题的发生,并在问题成形或升级前抢先采取行动予以解决。

(2)反兴奋剂和操控比赛。

1)裁判长以及所有技术官员都应始终遵守世界羽联道德规范和技术官员行为规范及其相关规定。裁判长有义务项向技术官员宣传赌博投注带来的反常比赛结果的有关规定,并督促他们遵守。

2)关于反兴奋剂,裁判长有责任核实组委会是否提供了满足兴奋剂检查要求的工作条件。

3)关于操控比赛,裁判长有责任让领队知晓世界羽联有关运动员消极比赛的有关规定和措施,尤其是关注同协会的运动员之间的比赛。密切关注比赛,包括场内的观众,要考虑到操控比赛的可能性。

(3)媒体。媒体对赛事宣传有着重要的作用,裁判长应协助完善为新闻记者、摄影记者、电视工作人员提供工作条件,但不得危及运动员的健康和安全或干扰比赛的顺利进行、技术官员的工作。

(二)临场裁判员职责和要求

(1)裁判员在裁判长的领导下工作,并向裁判长负责。

(2)通晓"羽毛球竞赛规则"和"技术官员工作指南"。

(3)比赛中宣报要迅速而有权威,所有的宣判和报分,都必需响亮、清晰,使运动员和观众都能听清。如有错误应承认,并道歉更正。

(4)如果发球裁判员迅速且让你信服的指出你所犯的错误,则更改你的宣判。当场上出现自己不确定是否能处理的问题时,应召唤裁判长。

(5)对是否发生违例有怀疑时,不应宣判"违例"应让比赛继续进行,绝不可询问观众或受他们评论的影响。

(6)加强与其他临场技术官员的配合(如保持与发球裁判员的眼神交流、慎重接受司线员的裁决)。与他们建立良好的工作关系。

(7)穿着得体的制服,未提供裁判制服时,应遵守"裁判员服装规定"。

(三)临场执裁中对发球裁判员的要求

(1)发球裁判员应坐裁判员对面网柱旁的椅子上。

(2)发球裁判员负责宣判发球员的发球是否合法。如不合法,则大声宣报"违例",并用规定的手势表明违例的类型。裁判员应使用"规范用语"认可发球裁判员的宣判,并解释具体的发球违例。

(3)发球裁判员应按裁判员的要求进行换球以及裁判员可给发球裁判员安排额外的任务,比如检查场地和器材。

(4)有即时回放系统时,发球裁判员应该核对是否所有的挑战都被裁判员正确执行,如未被正确执行,应在下一回合开始前告知裁判员。

(5)发球裁判员应支持裁判员,并在需要时协助裁判员。一旦意识到裁判员可能犯错,应立即提醒裁判员。

(6)一场比赛结束后,在裁判员宣报"比赛结束"后,发球裁判员应起立和运动员握手,并走到裁判椅处和裁判员一同离开比赛场地。

(7)裁判员可给发球裁判员安排额外的任务。

(8)临场执裁中发球手势如下:

1)自发球开始,发球员挥拍必须连贯向前,直至将球发出,否则为"违例"(见图8-2)。

2)发球员和接发球员,应站在斜对角的发球区内,脚不得触及发球区和接发球区的界线。从发球开始至发球结束前,发球员和接发球员的两脚,都必须有一部分与场地的地面接触,不得移动,否则为"违例"(见图8-3)。

3)发球员的球拍,应首先击中球托,否则为"违例"(见图8-4)。

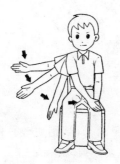 

图8-2 球拍未连续向前挥动　　图8-3 发球脚违例　　图8-4 击球点不在球托上

4)发球员的球拍击中球的瞬间,整个球应低于距场地地面高度1.15m,否则为"违例"(见图8-5)。

5)发球替换规则。发球员的球拍击中球的瞬间,拍杆和拍头应指向下方(见图8-6)。

发球员的球拍击中球的瞬间,整个球应低于发球员的腰部。腰指的是发球员最低肋骨下缘的水平切线,否则为:"违例"(见图8-7)。

图8-5 发球高度过低　　图8-6 球杆未指向下方　　图8-7 发球超腰

(四)临场执裁中对司线员的要求

(1)司线员应坐在椅子上,对准自己所负责的线,最好面向裁判员除非裁判长另有不同要求。

(2)司线员对所负责的线负全责。除司线员有明显错判,裁判员可以纠正司线员的宣判。如球落在界外,无论多远均应立即大声、清晰地宣报"界外",使运动员和观众都能听清,同时两臂侧平展,使裁判员能看得清,并看向裁判员;如球落在界内,不宣报,只用右手指向界线,并看向裁判员;如未能看清,应立即举起双手盖住眼睛,向裁判员示意。

(3)在球触地前,不得宣报或做手势。

(4)只负责宣判球的落点,不要预期裁判员的裁决。例如球在落地前触及运动员、触及衣服或球拍(不管有多明显)等等。

(5)临场执裁中司线员手势:

1)界外。如球落在界外,无论多远均应立即大声、清晰地宣报"界外",使运动员和观众都能听清,同时两臂侧平展,使裁判员能看得清(见图8-8)。

2)界内。如球落在界内,不宣报,只用右手指向界线(见图8-9)。

3)未看清。未看清,应立即举起双手盖住眼睛,向裁判员示意(见图8-10)。

图8-8 球落在界外

图8-9 球落在界内

图8-10 未看清

(6)临场执裁司线员的位置。在实际安排时,建设司线员的位置,应距离场地界线2.5~3.5m;在安排他们的位置时,要注意保护他们不受场外干扰,如摄影记者的影响等等。司线员位置示意如下,X为司线员的位置(见图8-11)。

二、临场执裁具体流程

(一)比赛开始前——进入比赛场地前

临场裁判员应在比赛控制或裁判员协调处领取计分表;并且确保规定数量

的司线员等都在场;检查运动员服装(运动员姓名、文字、广告、颜色和款式)是否符合"竞赛通用规程"的有关要求;确保运动员手机关闭;确保运动员按计分表上的姓名顺序或按裁判长要求的顺序列队。

(二)比赛开始前——进入比赛场地后

(1)裁判员应公正地执行"挑边",确保赢方和输方进行正确地选择,并记录挑边的结果。双打比赛时,记下开局时站在右发球区的运动员姓名,以便随时检查发球时运动员是否站在正确的发球区内。每局开始时做相应的记录。

(2)"挑边"结束后应尽快上裁判椅、启动秒表,记录热身时间。除非裁判长另有不同要求,否则两分钟热身时间从临场裁判员在裁判椅上坐下开始,至宣报"比赛开始,0比0"。临场裁判员应宣报"准备比赛"提醒运动员做好开始比赛的准备。

(3)如使用计分表,在双方的计分栏处写上"0",在发球员的计分栏处写上"S"或"发",如是双打比赛,需要在接发球员计分栏处写上"R"或"接"。

(4)检查所有的计分设备是否正常工作,司线员位置是否正确。

(三)比赛开始

裁判员应按以下形式宣报。并相应的将手指向右边或左边。(W、X、Y、Z表示运动员姓名,A、B、C、D表示队名或单位)。

(1)单打单项赛,

"女士们、先生们,在我右边'W、A',在我左边'X、B','W'发球,比赛开始,0比0"。

(2)单打团体赛。

"女士们、先生们,在我右边'A、W',在我左边'B、X'和,'A'发球,比赛开始,0比0"。

(3)双打单项赛。

"女士们、先生们,在我右边'W、A'和'X、B',在我左边'Y、C'和'Z、D';'X'发球,'Y'接发球,比赛开始,0比0"。

如果两名双打运动员代表同一个队,则先宣报两名运动员的姓名后,再报国名(或地区名),如"W和X,A"。

(4)双打团体赛。

"女士们、先生们,在我右边'A''W'和'X',在我左边'B''Y'和'Z';'A''X'发球,'Y'接发球,比赛开始,0比0"。

(四)比赛中

(1)临场裁判员应使用竞赛规则中裁判员临场规范用语。

(2)临场裁判员应记录和报分。报分时,总是先报发球员的分数。如果指派了发球裁判员,发球时裁判员主要看接发球员。但必要时,也可宣报"发球违例"。

(3)随时注意计分器的显示是否正确。

(4)需要裁判长帮助时,将右手高举过头;需即时回放系统裁决时,将左手高举过头。

(5)当一方输了一回合而失去发球权时,应宣报:"换发球",随后,先报新发球方的分数,接着报新接发球方的分数。必要时,用适当的手势同时指向新发球员及其正确的发球区。

(6)"比赛开始"或"继续比赛"应由临场裁判员宣报,以表明:比赛开始(一场或一局比赛的开始)、间歇后继续比赛、交换场区后继续比赛、挑战后恢复比赛或中断后恢复比赛。裁判员要求运动员继续比赛。

(7)当违例发生时,临场裁判员应宣报"违例"。以下情况除外:

1)发球裁判员根据规则宣报发球"违例"时,临场裁判员应先宣报"发球违例",随后使用对应的规范用语说明何种违例。

2)裁判员对发球时的违例做了宣报,对此,裁判员应使用相应的规范用语宣报发球违例或接发球违例。

3)属明显的违例情况,司线员已宣报或出示了手势或其他规则违例情况,必要时,才宣报违例。

(8)当一局比赛领先方得11分时,临场裁判员应立即宣报该比分,随后立即宣报"间歇",或"换发球""比分""间歇"。执行规则有关"间歇"的规定。在"间歇"期间,临场裁判员应要求司线员场地助理擦地。

(9)在所有的局间歇中,到40s时,应重复宣报:"……号场(超过一片场地时)20s"。如有一片场地时,只重复宣报"20s"。

在所有间歇中允许双方各有不超过两名持证教练员进入比赛场地。当裁判员宣报:"……号场地20s"时,这些人员必须离开比赛场地。间歇后恢复比赛时宣报:"继续比赛",并再次宣报比分。如果双方运动员无意愿按"规则"规定间歇,则该局或该场比赛应继续比赛,不间歇,裁判长要求必须间歇的情况除外。

(五)延伸比赛

(1)在每局比赛领先方得20分时,对应宣报"局点"或"场点"。

(2)每局比赛中任何一方分数到达29分时,对应宣报"局点"或"场点";在宣报比分之前,要先宣报"局点"或"场点";用英文宣报时,"局点"或"场点"总是在发球方分数后,接球方分数前。

(六)每局结束

(1) 每一局最后一个回合结束,必须立即宣报"……局比赛结束",而不受鼓掌、喝彩声等影响。有挑战或裁判员纠正司线员宣判的情况除外。

(2)第一局结束后,宣报:

"第一局比赛结束,……(运动员姓名或团体赛队名)胜……(比分)"。

(3)第二局结束后,宣报:

"第二局比赛结束,……(运动员姓名或团体赛队名)胜……(比分),局数1:1"。

(4)每局结束,临场裁判员均应要求场地助理或司线员擦地。如指派有发球裁判员,则发球裁判员应将间歇标志(如有)放置在下方场地中央。如果胜这一局即胜该场比赛,临场裁判员应宣报"比赛结束"并在运动员与裁判员和发球裁判员握手后宣报"……(运动员姓名或团体赛队名)胜……(各局比分)"。

(5)在每局的间歇中,不到100s,应重复宣报:"……号场(超过一片场地时)20s"。仅有一片场地时,只重复宣报"20s"。在这些间歇中允许双方各有不超过两名持证教练员在运动员交换场区后进入比赛场地。当裁判员宣报"……号场地20s"时,这些人员应离开比赛场地。

(6)第二局比赛开始时,宣报:"第二局比赛开始,0比0。"有第三局时,则宣报:"决胜局比赛开始,0比0"。

第三局或只进行一局的比赛,当一方先得11分时的回合一结束,临场裁判员应宣报比分,紧接着宣报"间歇、交换场区"或"换发球、间歇、交换场区"。间歇后恢复比赛时,宣报"继续比赛",并再次报比分。

(7)比赛结束后,临场裁判员应在计分表上记录比赛结束时间、比赛时间和所用球数。若比赛场地中出现任何事件,临场裁判员必须把对事件的解释写在打印的或手写的完整计分表上,并立即交给裁判长。

三、比赛临场中常见情况及判罚

(一)比赛中对球落点的宣判

(1)球落在界线附近或无论界外多远,裁判员均应看司线员。司线员对其裁决负全责。

(2)若裁判员确认司线员明显错判,则应宣报:"纠正,界内"(如球落在界内);"纠正,界外"(如球落在界外)。

(3)若未设司线员或司线员未能看清时,裁判员则应立即宣报:"界外"(球落在界线外),随后宣报比分;或"换发球、比分";"比分"(球落在界线内),或"换发球"、比分;"重发球"(裁判员也未能看清时),接着宣报比分,有即时回放系统时,临场裁判员则应宣报"未看清",并将左手高举过头,要求即时回放系统的裁决。

(二)比赛中运动员的挑战

(1)有即时回放系统时,如果司线员或临场裁判员的宣判收到运动员的挑战,临场裁判员应先确认该运动员仍有挑战权。运动员必须清楚的向裁判员说"挑战"或举起左臂,明确示意。任何此类挑战都必须由运动员在裁判员或司线员做出宣判后立即提出。

(2)如果运动员仍有挑战权,临场裁判员应宣报"……(提出挑战的运动员姓名,不管单打、双打、团体赛)挑战宣判'界内'(或'界外')同时将左手高举过头。

(3)即时回放系统将对球的最初落点进行回放,并将挑战的最终裁决"界内""界外"或"无结论"告知裁判员。

(4)如果挑战成功,临场裁判员应对应宣报:"纠正,界内"或"纠正,界外",随后依情况宣报比分,或"换发球"、比分,任然后宣报"继续比赛"。如挑战成功,并因此结束该剧比赛,裁判员应对应宣报"纠正、界内"或"纠正、界外""……局比赛结束"。

(5)如果挑战失败,临场裁判员应宣报:"挑战失败",依情况对应宣报"还有一次挑战权"或"已无挑战权"随后依情况宣报比分,或"换发球、比分"然后宣报"继续比赛"。如果挑战失败,并因此结束该局比赛,临场裁判员应宣报:"挑战失败""……局比赛结束"。

(6)挑战的最终裁决时"无结论",裁判员应宣报"重发球"、比分或换发球、比分,随后宣报"继续比赛"。

(三)比赛中的特殊情况判罚

(1)运动员将球拍掷入对方场内或从网下滑入对方场区,并因此明显妨碍或分散对方注意力,应根据规则判"违例"。

(2)球从邻场侵入场区时,不应机械的判"重发球"。如果裁判员认为飞入场区的球并未妨碍或分散运动员的注意力,则不判"重发球"。

(3)对正在击球的同伴大声喊叫,不应视为分散对方注意力。击球时或在对方击球后,向对方喊叫"违例"等,应视为故意分散对方注意力。对试图干扰或威吓发球裁判员或司线员的运动员,或通过甩汗等方式弄脏比赛场地及其紧邻区域的运动员,应提醒其此类行为不可接受,必要时执行相关规则判罚。

(四)运动员离开场地判罚

(1)除规则规定的间歇外,或离开比赛场地未延误比赛的情况外,裁判员应确保运动员未经裁判员同意,不得离开比赛场地。允许运动员在对击中到场边更换球拍。

(2)应提醒违犯方,离开场地须经裁判员同意。必要时执行规则规定。

(3)比赛中,如果比赛未被不当中断,裁判员可允许运动员仅限快速擦汗或喝水。如需擦地,运动员应指出需要擦哪里。擦地一结束,即回到比赛场地内。

(五)延误和暂停比赛判罚

(1)不允许运动员故意延误比赛;应制止回合之间所有不必要的兜圈走动,以及更换新球拍后在场地上试拍,必要时执行规则规定。

(2)如果比赛条件受到影响而必须暂停比赛时,裁判长或裁判员可以暂停比赛;如果比赛中比赛场地或其紧邻区域需要修补,或暂时不适宜比赛,裁判员应召唤裁判长,比赛将视为暂停,直至比赛场地及其紧邻区域重新适宜比赛为止。

(3)比赛暂停时,裁判员应宣报"比赛暂停",并在计分器或计分表上记录"S"。

(六)场外指导判罚

(1)一旦双方运动员准备好发球,以及比赛进行中都不允许场外指导。

(2)比赛中,教练员必须坐在指定的椅子上,不得站在场边(除规则允许的间歇外);教练员不得分散运动员的注意力或使比赛中断。

(3)未经裁判长同意,教练员不得将椅子移离指定位置。裁判员应特别注意,要确保教练员移离椅子未干扰司线员,也未遮挡商业广告。

(4)如果裁判员认为比赛被干扰,或教练员分散了对方运动员的注意力,则判"重发球",再次出现该情况并立即召唤裁判长。

(5)比赛进行中,教练员不得在场边试图以任何方式与对方运动员、教练员、领队官员或林场技术官员交流,也不得在场边以任何目的的使用电子设备。

(七)换球

(1)比赛时,换球必须公正。裁判员应对是否换球作出决定。

(2)球的速度或羽毛受到故意干扰时,应换球。

(3)裁判长是决定球速的唯一裁决者。如果比赛双方均要求更换球速,应立即召唤裁判长。

(八)比赛时伤病处理

(1)裁判员必须谨慎、灵活地处理比赛时运动员的伤、病,迅速、准确地判定伤病的严重程度。必要时召唤裁判长。由裁判长决定是否需要医务人员或其他人员进场。赛会医生应对运动员进行检查,并告知伤、病的严重程度。不得因治疗而延误比赛。裁判员记录伤病所延误的时间。如受伤流血,应暂停比赛,直至止血或伤口得到妥善处理为止,或按裁判长的其他建议处理。

(2)如果运动员因伤、病向裁判员表达弃权的意愿,裁判员应询问运动员"你要弃权吗?"如果回答是肯定的,裁判员应作出对应的宣报。如果裁判员不能肯定运动员的伤、病的真实性,应召唤裁判长进入场地。

(九)被裁判长终止的比赛

预赛中,当裁判长进入正在进行比赛的某块场地通知临场裁判员,该场比赛的一名(或不止一名)运动员需晋级到正赛,裁判员应宣报:"裁判长终止了比赛……(运动员姓名)晋级到正赛"、"……(运动员姓名)进入下一轮比赛(或正赛)"(视具体情况宣报)。

(十)行为不端

(1)裁判员应确保运动员在场上的举止符合运动员行为规范,任何违反运动员行为规范的行为,均视为违反规则,记录并向裁判长报告任何不端行为及其处理(见图8-1)。

图8-1 行为不端判罚图

(2)当裁判员对违犯"延误比赛""离开场地"等规则的违犯方警告时,应召该违犯运动员:"到这里来",并宣报:"警告,……(运动员姓名)行为不端。"随后裁判员应使用规范用语宣报对该不端行为的确切解释。同时,右手持黄牌高举过头。

(3)对已被警告过或严重违反间歇规则的一方,裁判员应召该违犯运动员:"到这里来",并宣报:"警告,……(运动员姓名)行为不端。"随后裁判员应使用规范用语宣报对该不端行为的确切解释。同时,右手持黄牌高举过头。

(4)但裁判长决定取消违反运动员的比赛资格时,将黑牌交给裁判员。随后裁判员必须召唤该违反运动员:"到这里来",并宣报:"警告,……(运动员姓名)行为不端。"随后裁判员应使用规范用语宣报对该不端行为的确切解释。接着宣报"取消比赛资格"同时右手持黑牌高举过头。随后裁判员应宣报:"……(运动员姓名或队名团体)赛胜和各局比分"。

(5)如在间歇期间,运动员违反规则被判警告的行为不端,则在间歇结束后裁判员应宣报:"继续比赛,11比……(比分)(11分间歇后)或"……局,比赛开始,0比0"。如果违反运动员已被判过警告或严重违反间歇规则时,则在间歇结束,裁判员应宣报:"11比……(比分)""……(运动员姓名)违例"随后宣报"换发球"、继续比赛、新的比分(11分间歇后);或"……局,0比0""……(运动员姓名)违例",随后宣报"换发球""比赛开始"、新的比分(局间间歇后)。

(6)如是运动员在间歇期间被裁判长取消比赛资格,应不等间歇结束,立即宣报:"……(运动员姓名)行为不端",随后宣报对该不端行为的确切解释,接着宣报"取消比赛资格"。

四、临场执裁裁判员规范用语

裁判员应使用本规范用语控制一场比赛。

(一)关于比赛服装规范用语

"让我检查服装""你比赛服上的姓名(队名)太小""你比赛服上的姓名(队名)太大""你比赛服上的名字与世界羽联数据库中的姓名不一致""比赛服上必须有的名字""姓名必须在比赛服的上部""你比赛服上的广告数量超出规定""协会广告未在世界羽联登记""你必须穿与你同伴颜色相同的服装""你有其他颜色的服装吗""你若不更换服装将被罚款""比赛服上的文字颜色必须是单色""比赛服上的的文字必须是大写字母或罗马数字""文字顺序错误"。

(二)关于比赛前挑边的规范用语

"过来挑边""你赢了挑边""你选择什么""谁发球""选择场区""谁接发球""对方选择接发球,你发球""对方选择发球,你接发球""对方选择了场区,你要发球还是接发球"。

(三)比赛开始的规范用语

1. 比赛开始宣报及介绍

(1)单项单打赛。

女士们、先生们:在我右边……(运动员姓名)……(国名/队名),在我左边……(运动员姓名)……(国名/队名),(运动员姓名)发球,比赛开始,0比0。

(2)团体赛单打。

女士们、先生们:在我右边……(国名/队名)……(运动员姓名),在我左边……(国名/队名)……(运动员姓名),(国名)发球,比赛开始,0比0。

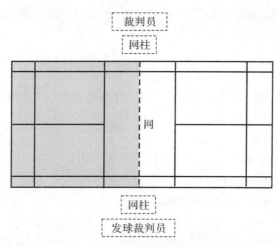

图 8-11 裁判员临场位置图

(3)单项赛双打。

女士们、先生们:在我右边……(双打运动员姓名)……(国名/队名),在我左边……(双打运动员姓名)……(国名/队名),(运动员姓名)发球,(运动员姓名)接发球。比赛开始,0 比 0。

(4)团体赛双打。

女士们、先生们:在我右边……(国名/队名)……(双打运动员姓名),在我左边……(国名/队名)……(双打运动员姓名),(国名/队名)发球,(国名/队名)接发球。比赛开始,0 比 0。

(5)第二局比赛开始,裁判员应宣报:"第二局比赛开始,0 比 0(间歇期间出现行为不端违例的情况除外)。

(6)决胜局比赛开始,裁判员应宣报:"决胜局,比赛开始,0 比 0"。

2.比赛进行中规范用语

(1)比赛开始及报分。

1)比赛进程、违例。

"换发球""违例""重发球""界外""间歇""交换场区""你未交换场区""……号场地 20s(当多于一片场地时)""局点(场点),……比……"。例如:"局点(场点),20 比 18"。或"局点(场点)29 比 28""发球裁判员请做手势""你过网击球""球触到你""有球飞入场区""球未干扰你""你妨碍对方""你故意干扰对方""你两次击球""你脱带球""你侵入对方场区"。

2)发球、接发球。

"右(左)发球区""发球时,你未击中球""接发球员准备好之前不要发球"

"(发球员)接发球员未准备好""你的同伴还未准备好""你在错误的发球区发球""你的发球顺序错误""你的接发球顺序错误""发球时,你挡住了接发球员的视线"。

3)换球。

"换球""不换球""这个球可以吗""把球给回对方""换球必须征得我同意""试球""不得试球"。

4)球落点的宣报。

"司线员请做手势""我清楚看见球落在界内(界外)""司线员宣判正确""纠正界内、纠正界外""未看清""你未立即提出挑战""挑战失败""你还有一次挑战权""即时回放系统故障,无法挑战"。

5)受伤。

"你还好吗""你能继续比赛吗""你需要医生吗""你要弃权吗""比赛暂停""准备好了吗"。

6)擦地。

"轻擦地板""指出擦哪里""用脚擦""不得甩汗""不得故意摔倒"。

7)比赛连续性。

"回到场地""不得延误""继续比赛""比赛必须连续""运动员回到场地""只许快速喝水""发球延误,比赛必须连续"。

8)发球违例解释用语。

"发球违例,过高""发球违例,球拍头未向下""发球违例,脚违例""发球违例,不连贯""发球违例,未先击中球托""发球违例,延误""发球违例,未过网""发球违例,未击中球""发球违例,接发球违例,重发球""接发球违例,脚违例""接发球违例,延误"。

3. 一局/一场比赛结束

1)第一局比赛结束,……(运动员姓名/队名)胜,……(比分)。

第二局比赛结束,……(运动员姓名/队名)胜,……(比分),宣报局数,例如:局数1比1,比赛结束……(运动员姓名/队名)胜,……(各局比分)。

2)如前两局局数为1比1,决胜局比赛开始,比赛结束,……(运动员姓名/队名)胜,……(各局比分)。

3)……(运动员姓名/队名)弃权,……(运动员姓名/队名)胜,(各局比分);……(运动员姓名/队名,取消比赛资格),……(运动员姓名/队名)胜,(各局比分)。

4)裁判长终止了比赛,……(运动员姓名)晋级到正赛。……(运动员姓名)进入下一轮比赛(或正赛)。

第四节 羽毛球比赛的组织

一、羽毛球比赛项目

(一)团体赛:男子团体、女子团体、男女混合团体。团体赛通常采用的比赛方式有两种。

(1)三场制:每队 2~4 人参加。两名单打、一对双打、共进行三场比赛。比赛场是单打、双打、单打或单打、单打、双打。采用三场两胜制。

(2)五场制:每队 4~9 人参加。三名单打、两对双打、混合团体赛为两名单打、三队双打(可右单打运动员兼项),共进行五场比赛。比赛场序是单打、单打、双打、双打、单打或单打、单打、单打、双打、双打或单打、双打、单打、双打、单打。混合团体赛比赛场序是男单、女单、男双、女双、混双。裁判长可根据运动员兼项情况可调整场序。采用五场三胜制,一名运动员不得在同一项目中出现两次。

(二)单项赛:男子单打、女子单打、男子双打、女子双打、混合双打。

二、竞赛组织工作的内容

(1)制订竞赛规程。竞赛规程是由竞赛组委会或筹备组,根据竞赛计划而制定的具体实施某一项(届)赛会的政策与规定,是组织运动竞赛的依据,主要着重于竞赛的组织管理,对技术规范以及确定成绩和有关场地器材条件的规定。规程内容一般包括比赛的名称、时间、地点、分组办法、报名时间、报名办法、比赛办法、奖励办法等。

(2)接受运动队的比赛报名。运动队采用报名表进行报名,确定抽签和编排的对象。

(3)组织比赛前的练习。组织方应安排练习场地,使报名运动队进行赛前练习和适应场地。应采用机会均等的原则。

(4)组织赛前抽签。

(5)编排准备比赛。

三、羽毛球采用比赛方法

羽毛球比赛方法一般采用单淘汰赛和单循环赛,也可以综合这两种比赛方法的优点,采用阶段赛方法,如第一阶段采用分组循环赛、第二阶段阶段淘汰赛。

(一)单循环赛

在羽毛球比赛中,参加比赛的运动员(或队)之间轮流比赛一次,循环赛场数多,比赛时间长,使用场地数量也多,因此循环赛的人数(或队)不宜过多。在人数(或队)过多时,可采用分组循环赛的办法。采用分组循环赛时,一般以 4~6 人(或队)为一组比较适宜。比赛的名次排列是以胜次多的在前,如果二者胜次相同,则以二者间比赛的胜者名次排列在前。如果有三者或三者以上胜次相同,则要以他们在整个阶段中的净胜场数(单项赛以净胜局数)决定。计算净胜场数后,如仍有二者净胜数相同,就以两者间比赛的胜者排列在前。如仍有三者以上相同,则依此再计算净胜局、净胜分。如果净胜分仍有三者相同,则以抽签决定他们的名次。

1. 轮数和场数

在循环赛中,每一名运动员(队)出场比赛一次,称为"一轮"。每两个运动员(队)之间比赛一次,称为"一场"。当人(队)数 m 为偶数时,轮数=人(队)数 $m-1$;人(队)数 m 为奇数时,轮数=人(队)数 m。单循环赛场数的计算公式:场数=$[m\times(m-1)]/2$ (m 为参赛人数或队人数)。

2. 顺序的确定

为了使比赛获得最佳观看效果,一组或多组可采用"1 号位固定逆时针轮转法",如果同组中有同单位的人(队)时,应首先进行比赛。

1 号位固定不动,其他位置每轮按照逆时针方向轮转一个位置,即可排出下一轮的比赛顺序。

如:七个队参加比赛排法:

第一轮	第二轮	第三轮	第四轮	第五轮	第六轮	第七轮
1—0	1—7	1—6	1—5	1—4	1—3	1—2
2—7	0—6	7—5	6—4	5—3	4—3	3—0
3—6	2—5	0—4	7—3	6—2	5—0	4—7
4—5	3—4	2—3	0—2	7—0	6—7	5—6

如:6 个队参加比赛排法:

第一轮	第二轮	第三轮	第四轮	第五轮
1—6	1—5	1—4	1—3	1—2
2—5	6—4	5—3	4—2	3—6
3—4	2—3	6—2	5—6	4—5

如参赛人数(队数)是单数时,用"0"补成双数进行逆时针轮转排出各轮比赛顺序,与"0"相遇的队,该轮轮空,该场不参赛。

3. 决定名次的方法

循环赛名次按照运动员获胜场数、局数和净胜分数确定。

(1)单项赛。

1)因伤、病、被取消比赛资格或其他不可避免的原因使运动员(队)没有完成全部场次的循环赛,确定名次时,其所有成绩不予计算。比赛中的弃权视为没有完成全部场次的循环赛。

2)如果运动员因伤病退赛,退赛前的实际成绩给予相关奖励。

(2)团体赛。

1)如果一个队无法完成其循环赛全部团体的比赛,确定名次时,该队所有成绩不予计算。

2)如果一个队无法完成一个团体赛中的一场比赛,则该场比赛应视为完成,但弃权方分数不予计算。

(3)混合团体赛在循环赛阶段。

1)如果到达赛区后,由于伤病一个队只剩一名运动员,则改名运动员只可参加一场比赛,涉及该运动员的另两场比赛将按对方获胜处理。

2)如因上述原因,该队只剩两名运动员,不论是同性还是异性,整个团体将对方获胜处理。

4.分组循环赛与种子的分布

分组循环赛比单循环赛的比赛场次少,但对种子选手的选择和定位难度较大。如参赛人(队)数较多,为了不过多增加比赛的场数和比赛日期的延长,一般常用分组循环赛的方法。组数确定后,可用抽签的方法进行分组,也可用"蛇形排列方法"进行分组。也可分为两种分组循环赛的方法进行。

1)分组部分阶段的循环赛。采用等级制的比赛方法,按照参赛人(队)的技术水平高低区分若干等级,进行分组循环赛。如以团体赛16队分成四组违例,则按以下方法分组比赛:

第一组:1、8、9、16。

第二组:2、7、10、15。

第三组:3、6、11、14。

第四组:4、5、12、13。

以上数字是每个队的顺序号,它是按照各队的技术水平高低排列的,数字越小,实力越强。

2)分组又分阶段的循环赛。用分组循环赛的方法,把比赛分为两个或多个阶段来进行比赛,可以采用较少的比赛场数完成所有阶段必死啊,同时产生所参赛队的名次。

用抽签方法进行比赛分组时,如仍以上述16各参赛队为例,则先确定4个或8个种子选手,把种子顺序排列出来,然后再按照蛇形排列或抽签进行分组。最后非种子选手用抽签方法放进各组。

(二)单淘汰赛

参赛人(队)按照编排的比赛秩序,由相邻的两名参赛人(队)进行比赛,败者淘汰,没有继续比赛的机会,胜者进入下轮继续比赛,直至淘汰成最后一名胜者(队)即冠军,比赛结束。淘汰赛可使比赛在时间短、场地少的情况下,接受较多运动员(队)参赛。但由于运动员(队)负一场就要离开赛场,对观众来说,每一场比赛都很精彩,比赛的观赏性提高,但对参赛运动员来说,每一场比赛都是关键,不能掉以轻心,因此大部分参赛者参加的比赛就会减少,产生的名次也不尽合理。

1. 轮数和场数

单淘汰赛的轮数等于或大于最接近参赛人(队)数的 2 的乘方数的指数,是 2 的几次方即为几轮。

场数＝参赛人(队)数－1＋附加赛场数

2. 轮空位置的分布

(1)但参加的人(队)是 2 的乘方数时,他们应该按照比赛顺序成双相遇进行比赛。

(2)当参加的人(队)不是 2 的乘方数时,第一轮应该有轮空。轮空数等于下一个较大的 2 的乘方数减去比赛的人(队)数的差。轮空数为双数时,应平均分布在淘汰表的不同的 1/2 区、1/4 区、1/8 区、1/16 区、1/32 区、1/64 区。如轮空位置为单数,则上半区比下半区多一个轮空。

例如 10 人(队)参赛,轮空数:$2^4-10=6$,则应该上半区 3 个轮空,下半区 3 个轮空。

11 人(队)参赛,轮空数:$2^4-11=5$,则应该上半区 3 个轮空,下半区 2 个轮空。

12 人(队)参赛,轮空数:$2^4-12=4$,则应该上半区 2 个轮空,下半区 2 个轮空。

17 人(队)参赛,轮空数:$2^5-17=15$,则应该上半区 8 个轮空,下半区 7 个轮空。

以此类推得出参赛人(队)的轮空数。

3. 抽签办法

(1)种子数。

72 个(对)或以上的人(队)参加的比赛,最多最多设 16 各种子,32 至 63 个(队)运动员参赛,最多设 8 个种子。16 至 31 个(队)运动员参赛,最多设 4 个种子。少于 16 个(队)运动员参赛,设 2 个种子。

(2)种子选手的抽签。

任何比赛都要遵守种子选手分布均匀的原则。

只有两个种子选手时,第1号在1号位,第2号在最后的号位。

24个种子选手时,第1号和第2号按照上述方法定位,第3号和第4号用抽签的方法分别进入第2个1/4区的顶部和第3个1/4区的底部。

38个种子选手时,第1、2、3、4号按照上述方法定位,其他种子用抽签分别进入还没有抽进种子选手的各个1/8区内。抽进上半区的,应在第2、第4个1/8区的顶部,抽进下半区的,应在第5、第7个1/8区的底部。

同一队的2名种子选手,应抽进不同的1/2区,同一队的3至4名种子选手,应抽进不同的1/4区.同一队的5到8名种子选手,应抽进不同的1/8区。

以17人(对)参加比赛为例,轮空数:25－17=15,则应该上半区8个轮空,下半区7轮空。比赛表中第一轮上半区轮空位置应为1号—8号,下半区轮空位置应为11号—17号,第1、2种子选手应该分别定位在1号和17号,第3、4号种子选手应该分别抽签分别进入5号和13号。

(三)附加赛

单淘汰赛只能产生冠亚军(第一名、第二名),如果需要其他名次,需要另外在增加比赛,增加的这几场比赛为"附加赛"附加赛的比赛如图8-12"虚线"部分。

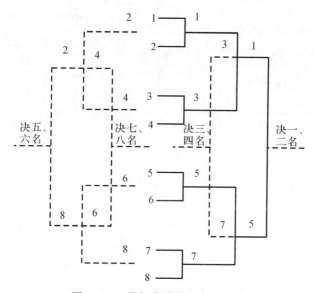

图8-12 附加赛其他名次对阵图

附录　羽毛球比赛常用表

附录一　记录表中的字母意义

情形	记录/用字母表示
警告（行为不端）	W
违例（行为不端）	F
召唤裁判长进入场地	R
比赛暂停	S
受伤	I
被裁判长取消比赛资格	Dis
弃权	Ret
纠正发球区错误	C
纠正司线员的宣判	O

附录 羽毛球比赛常用表

附录二 团体赛出场名单表

队名＿＿＿＿＿＿＿＿＿＿＿＿＿＿＿＿＿

阶段＿＿＿＿＿＿＿组别(位置号)＿＿＿＿＿＿＿＿

日期＿＿＿＿＿＿时间＿＿＿＿＿＿场号＿＿＿＿＿＿

＿＿＿＿＿＿队,服装颜色:(　　　)＿＿＿＿＿＿队,服装颜色:(　　　)

顺序	项目	运动员姓名
1		
2		
3		
4		
5		

教练员签名＿＿＿＿＿＿　裁判长签名＿＿＿＿＿＿

附录三 团体赛积分表

＿＿＿＿＿＿＿队对＿＿＿＿＿＿＿队

阶段	组别(位置号)	日期	时间	场号

单位 姓名 项目	＿＿队	＿＿队	每局比分			每场结果	裁判员签名
			1	2	3		
1							
2							
3							
4							
5							

附录四 单打比赛记录表

项　目：_____
比赛号：_____
日　期：_____
时　间：_____

甲方	名	协会名/队名

比分 ☐ ☐

用球数：_____

乙方 1	左
协会名/队名	

场地号：_____
裁判员：_____
发球裁判员：_____
开始时间：_____
结束时间：_____
比赛用时：_____

甲方
乙方
甲方
乙方
甲方
乙方
甲方
乙方
甲方
乙方
甲方
乙方

裁判员_____ 　　裁判长_____

W————因改变球形被警告。
F/R————踢闺 A 型广告牌被判违例。裁判长应召唤进场，并指示继续观察，必要时再判违例。
F/R/Dis——推搡司线员被判违例。裁判长应召唤进场，并决定取消该运动员比赛资格。

附录五 双打比赛记录表

项目：_____
比赛号：_____
日期：_____
时间：_____

场地号：_____
发球裁判员：_____
开始时间：_____
结束时间：_____
比赛用时：_____

比分

甲方	右	协会名/队名

乙方1	左	协会名/队名

用球数：_____

W——因改变球形被警告。
F/R——踢倒A型广告板被裁判长警告，裁判长应召唤进场，并指示继续观察。必要时再判违例。
F/Dis——……因推搡司线员被裁判长判违例，裁判长应召唤进场，并决定取消该运动员比赛资格。

裁判员_____   裁判长_____

附录六 单打比赛记录表范例

项　目：女单
比赛号：半决赛—#20
日　期：2020-08-28
时　间：15:30

右	甲方		比分	乙方	左
	协会名/队名		21:17	协会名/队名	
			21:13		
			用球数：5		

场地号：20
裁判员：姓名
发球员：姓名
开始时间：15:30
结束时间：15:55
比赛用时：25分钟

甲方	0	1	2	3	4	5		6	7	8	9		10	11	12	13	14	15	16	17	18			
乙方	S	00												11	12	13	14							
甲方			19	20	W	21															19	20	21	㉑㉓
乙方	15	16	17		1	7												15	16	17	18			
甲方	S	0		1	2	3	4	5	6	7	8	9	10	11	12	13		14	15	16	17			
乙方		0	1	2	3	4					9	10	11	12	13	F	18							
甲方																R								
乙方																								
甲方																								
乙方																								
甲方																								
乙方																								

W——因改变球形被警告。
F/R——踢倒A型广告板被判违例。裁判长应召唤进场，并指示继续观察，必要时再判违例。

裁判员　　　　　　　裁判长

附录七　双打比赛记录表范例

比分

项　目：男双
比赛号：1/32—#6
日　期：2020-08-28
时　间：10:00

右	甲方1
	甲方2
	协会名/队名

21∶17
8∶7
取消比赛资格

用球数：7

乙方1	左
乙方2	
协会名/队名	

场地号：6
裁判员：姓名
发球裁判员：姓名
开始时间：10:00
结束时间：10:26
比赛用时：26分钟

甲方1				1	2	3														9	10												16	
甲方2	S	0									4	5	6	7	8											11	12	13	14	15				
乙方1			1	2												7	8	9	10	11											15	16	17	
乙方2	R	0						4	5	6													12	13	14									
甲方1		17	18		19	20	21		21		F																							
甲方2											R																							
乙方1				W					17																									
乙方2																																		
甲方1	S	0				2			4				6					8			8													
甲方2				1			3				5				7																			
乙方1	R	0	1					3				5				7	R		D		7													
乙方2					2					4				6			F		Dis															
甲方1																																		
甲方2																																		
乙方1																																		
乙方2																																		
甲方1																																		
甲方2																																		
乙方1																																		
乙方2																																		
甲方1																																		
甲方2																																		
乙方1																																		
乙方2																																		

W——乙方1因改变球形被警告。
F/R——甲方1因在第一局间歇期间踢倒A型广告板被判违例。裁判长应召唤进场，并指示继续观察，必要时再判违例。
F/R/Dis——乙方2因推搡司线员被判违例。裁判长应召唤进场，并决定取消该运动员比赛资格。

裁判员＿＿＿＿　裁判长＿＿＿＿

参 考 文 献

[1] 王道俊,郭文安.教育学[M].北京:人民教育出版社,2016.
[2] 周登嵩.学校体育学[M].北京:人民体育出版社,2004.
[3] 高濑秀雄.羽毛球训练图解[M].刘丹丹,译.北京:人民邮电出版社,2018.
[4] 王文教.中国体育教练员岗位培训教材:羽毛球[M].北京:人民体育出版社,2000.
[5] 肖杰.羽毛球运动理论与实践[M].北京:人民体育出版社,2005.
[6] 陈卡佳.羽毛球高手[M].长沙:湖南文艺出版社,1999.
[7] 中国羽毛球协会.羽毛球竞赛规则:2020[M].北京:人民体育出版社,2020.
[8] 中国羽毛球协会.羽毛球竞赛规则[M].北京:人民体育出版社,2017.
[9] 王琳.实用运动医务监督[M].北京:北京体育大学出版社,2005.
[10] 中国羽毛球协会审定.羽毛球竞赛规则[M].北京:人民体育出版社,2007.
[11] 彭美丽.羽毛球技巧图解[M].北京:北京体育大学出版社,2005.
[12] 牛清梅.羽毛球理论与实训[M].西安:西北工业大学出版社,2012.
[13] 刘建和.羽毛球教学与训练[M].北京:人民体育出版社,2004.
[14] 王家宏,施志社.怎样打羽毛球[M].苏州:苏州大学出版社,2006.
[15] 陆淳.羽毛球技术训练与战术运用[M].北京:人民体育出版社,2006.
[16] 菲舍尔.羽毛球教学[M].北京:北京体育大学出版社,2005.
[17] 俞继英.奥运会项目大全:奥林匹克羽毛球[M].北京:人民体育出版社,2001.
[18] 林建成.羽毛球技、战术训练与应用[M].北京:人民体育出版社,2009.
[19] 郑超.羽毛球教程[M].北京:北京交通大学出版社,2010.
[20] 杨恒,王家彬.新编羽毛球教程[M].西安:西北工业大学出版社,2007.
[21] 薛林峰.羽毛球实战技巧[M].北京:化学工业出版社,2013.
[22] 黄萍婷.图解羽毛球入门[M].北京:化学工业出版社,2011.
[23] 王瑞元.运动生理学[M].北京:人民体育出版社,2002.
[24] 杨丽敏.羽毛球教学与训练.北京:北京体育大学出版社,2012.

[25] 威拉德逊.核心发展训练[M].王轩,译.北京:人民邮电出版社,2017.

[26] 吴亚芳.1992年以来羽毛球竞赛规则的主要变化及发展趋势研究[M].北京:北京体育大学出版社,2018.

[27] 田佳.运动创伤学[M].北京:北京体育大学出版社,2008.

[28] 康有文.最新运动创伤诊疗技术操作规范实用手册[M].北京:人民卫生出版社,2005.

[29] 肖杰.羽毛球技战术的演进历程及发展趋势[C]//中国体育科学学会.第十一届全国体育科学大会论文摘要汇编.北京:中国体育科学学会,2019:2240-2241.

[30] 孔鹏程.关于中国羽毛球俱乐部超级联赛现状的SWOT分析[D].东北大学,2013.

[31] 李晶晶.羽毛球运动对中年男性心率变异性影响的实验研究[D].沈阳体育学院,2014.

[32] 尹怡瑞.全国性羽毛球赛事结构研究[D].上海体育学院,2016.

[33] 余时平.新赛制对中国竞技羽毛球运动发展的影响研究[D].湖北大学,2015.

[34] 刘加龙.新中国羽毛球项目发展的历史演进研究[D].吉林大学,2013.

[35] 杨启.中国羽毛球俱乐部超级联赛发展现状及对策研究[D].湖南工业大学,2019.

[36] 郭强.1996年至今世界羽毛球竞技运动竞技成绩格局演变过程研究[D].成都体育学院,2019.

[37] 尹德圣.羽毛球经历对成人整体运动知觉的影响及机制[D].天津师范大学,2018.

[38] 康喆.运动前准备活动的生理学基础[J].中国临床康复,2004(24):5114-5115.

[39] 郝文鑫,方千华.休闲足球运动对骨骼健康影响的Meta分析[J].福建师范大学学报(自然科学版),2020(4):70-80.

[40] 金蓓蕾.大众羽毛球运动的健身价值与锻炼方法[J].教育教学论坛,2012(S3):195-197.

[41] 胡玲慧,李文豪,邹军,等.运动对生长期骨骼影响的基础与临床研究进展[J].中国骨质疏松杂志,2020(5):746-750.

[42] 赵永才,高炳宏.运动诱导骨骼肌线粒体生物合成调控机制研究进展[J].中国运动医学杂志,2020(1):79-84.

[43] 贺向阳.对羽毛球运动员速度训练的研究[J].益阳师专学报,1999(5):

100-101.

[44] 吉新鹏. 羽毛球运动员技战术与心理素质[J]. 体育科学研究,2004(2):27-29.

[45] 潘莉. 羽毛球多球训练探讨[J]. 南京体育学院学报,2001(2):72-73.

[46] 陆雪梅. 对羽毛球多球训练法的研究[J]. 体育科技,1998(2):3-34.

[47] 白丽华. 浅谈羽毛球运动专项速度[J]. 辽宁体育科技,2000(5):23-29.

[48] 胡贵林. 浅析羽毛球基本技术训练的原则[J]. 辽宁体育科技,2003(1):18.

[49] 孙嫚. 谈羽毛球训练中的多球训练[J]. 南京体育学院学报(自然科学版),2005(1):71-72.

[50] 庄志勇,陈莉琳. 提高高校羽毛球教学训练水平的探讨[J]. 体育科学研究,2003(2):65-67.

[51] 罗育华. 羽毛球教学中竞赛法运用的研究与实践[J]. 广州体育学院学报,2002(2):79-81.

[52] 刘永. 提高羽毛球运动员基本技术训练的效果[J]. 南京体育学院学报(自然科学版),2003(4):74-75.

[53] 吴青. 羽毛球运动中踝关节损伤的预防与处理[J]. 民营科技,2013(4):129+153.

[54] 王强. 羽毛球爱好者膝关节损伤病因与治疗方法的研究[J]. 体育风采,2015(8):165.

[55] 周斌,马玲. 新疆业余羽毛球运动员膝关节损伤的运动生物力学分析及其预防措施[J]. 搏击. 体育论坛,2011(6):82-86.

[56] 刘魏. 浅谈羽毛球运动员踝关节损伤的原因与防治[J]. 体育科技文献通报,2012(4):118-119.

[57] 郭冰倩. 羽毛球教学中正手击高远球易犯错误及纠正错误训练方法[J]. 运动,2017(2):95-96.

[58] 朱睿. 羽毛球运动的手腕损伤原因及对策研究[J]. 科技信息,2013(1):146-147.

[59] 郑凯. 常见羽毛球运动损伤及针对性体能训练[J]. 当代体育科技,2019(27):40-41.

[60] 陈根香. 论"学习如何学习":高校教学改革探索之一[J]. 盐城师范学院学报(哲学社会科学版),1998(3):93-96.

[61] 罗育华. 羽毛球教学中竞赛法运用的研究与实践[J]. 广州体育学院学报,2002(2):79-81.

[62] 程勇民."快、狠、准、活"技术风格对中国羽毛球运动的促进与制约[J].体育学刊,2005(2):99-101.

[63] 朱静华,丛林.对两种准备活动模式的认识[J].田径,2004(11):20-21.

[64] 孙秀芝,张建永.浅谈准备活动的重要性[J].承德民族师专学报,2005(11):87-107.